HB Bild atlas

Liebe Leserinnen und Leser,

Der Reisefotograf Holger Leue aus Haunetal hat in mehr als 40 Ländern Auftragsarbeiten verwirklicht, doch die Erkundung seiner Heimat machte ihm besondere Freude.

Aufgewachsen mit den Geschichten der Rhön, freute sich der Autor Eckard Sieg aus Marburg, diese Region vorzustellen.

die Rhön ist in den Blickpunkt geraten! Seit der Wiedervereinigung der beiden deutschen Staaten verzeichnen die ehemaligen Zonenrandgebiete eine rasante und interessante Entwicklung. Stellvertretend und beispielhaft steht die plötzlich in die Mitte gerückte Rhön so für diesen Abschnitt deutscher Geschichte.

Eine bemerkenswerte Brücke zwischen Geschichte und Natur schlägt die vormalige Grenze zwischen BRD und DDR. Wie eine Perlenschnur erstreckt sich ein bedeutender Teil des ›Grünen Bandes‹ mitten durch die Rhön. In der Abgeschiedenheit kaum bewirtschafteter Flächen konnten sich seltene Tiere und wertvolle Biotope entwickeln. Heute wird dieses Mosaik vorbildlich geschützt – federführend trägt Thüringen die Verantwortung.

›Land der offenen Fernen‹ nannte ein Heimatdichter die Rhön – ein vom stetig ansteigenden Tourismus gern übernommener Slogan. Hebt sich doch die Rhön von anderen Mittelgebirgen durch herrliche Fernsichten, zahlreiche offene Gipfel und blütenprächtige Weideflächen ab. Seit 1991 ist die Rhön Biosphärenreservat. Munter sprießen die Initiativen zum Erhalt der über Jahrhunderte entstandenen bäuerlichen Kulturlandschaft. Dörfliche Traditionen und die schützenswerte Landschaft mit ihren Buchenwäldern und der mystischen vulkanischen Vergangenheit lernt der Mensch in Einklang zu bringen.

Spannend und interessant – zwischen Naturerlebnis, Geschichten und Geschichte – verspricht ein Aufenthalt in der Rhön zu werden. Viel Spaß dabei wünscht Ihnen

Ihr HB-Bildatlas-Team

Schafe gehören heute wieder zum alltäglichen Bild der Rhön.

Auf der Sonnenseite: Vor allem im thüringischen Teil der Rhön leuchten Sonnenblumenfelder

Große Freiheit im Kleinen – Modellflieger auf der Wasserkuppe

Inhalt

Besuchen Sie uns im Internet:
www.hb-verlag.de

Zum Abheben

Die besondere Eignung der Wasserkuppe für den Segelflug wird seit fast 100 Jahren genutzt. Schätzten damals wenige Flugverrückte die Thermik der Steilhänge, ist die Region heute als Segelflug-Dorado weltweit bekannt. Im Sog der motorlosen Fliegerei tummeln sich Gleitschirm- und Drachenflieger, frönen Modellpiloten ihrem Hobby. Unvergessliche Erlebnisse und Blickwinkel bieten sich dem, der sich animieren lässt – zum Abheben.

WaKu
D-9522

Schwartemagen und rote Woarscht

Wird in einem Haus geschlachtet, lebt in manchen Dörfern noch die Tradition der ›Woarschtmännchen‹. Die Dorfjugend stattet dem Haus einen Besuch ab: ›Ich hab' gehört, ihr habt geschlacht' und habt auch gute Woarscht gemacht. Gebt mir eine von den langen, die kurzen lasst im Schornstein hangen!‹ So versuchen sie, ihren Anteil zu ergattern. Die vielfältigen Wurstspezialitäten unterscheiden sich von Dorf zu Dorf, Rezepte sind gehütete Geheimnisse. Probieren lohnt sich – beispielsweise auf dem Hof Huff in Oberstoppel!

Wanderstiefel bevorzugt

Der Blick schweift über offene Weidefläche, umrahmt von Feldgehölzen, über die bewaldeten Bergkuppen der Vulkankegel. Vor Millionen von Jahren bahnten sich Vulkane ihren Weg durch die Ablagerungen alter Meere und Flüsse, wirbelten so Basalt, Buntsandstein und Muschelkalk gehörig durcheinander. Die Verwitterung ließ das harte Gestein der ehemaligen Schlote stehen und formte die steilen Kuppen. Beweidung und Rodungen im Mittelalter schufen so das ›Land der offenen Fernen‹, das die Wanderfreunde lieben.

Bodenständig die Bräuche

Bodenständig gebärdet sich viel Sehenswertes in der Rhön. Der Früchteteppich in der alten Kirche in Sargenzell steht stellvertretend für die typische Eigeninitiative der Rhöner: ideenreich und gemeinschaftlich, das Alte bewahrend und oftmals im Einvernehmen mit dem tief verwurzelten Glauben. So finden sowohl traditionelle Bräuche als auch innovative Veranstaltungen guten Anklang bei Besuchern aus nah und fern.

Wunderbare Wanderwelt

Eindrucksvolle Natur und liebliche Landschaften schaffen herrliche Bedingungen für Aktivitäten unter freiem Himmel. Wandern mit all seinen Facetten ist beliebt. Ob familienfreundlich mit exotischer Begleitung, sportlich oder einfach nur erholsam – Wanderer genießen in der Rhön den oftmals freien Blick und ursprüngliche Natur. Diese schaffen auch einen passenden Rahmen für Kletterer und Radfahrer – wahlweise in den idyllischen Flusstälern oder im Auf und Ab der Vulkankegel.

Geballter Barock

Fulda glänzt mit großer Barockdichte. Die Engel im Dom bilden nur das Zentrum aus Verspieltheit und Üppigkeit eines ganzen Viertels. Doch nicht nur die Fürstäbte früherer Tage verhalfen der Region zu Kunst und stattlichen Bauten, auch Armut und Gläubigkeit trugen ihren Teil dazu bei: mit Schnitzkunst und Bildhauerei. Und die Impulse der modernen Kunst überraschen den Gast heute – besonders zwischen Hünfeld und der Milseburg.

Zu neuem Leben erweckt

Allgegenwärtig scheinen die Schafherden auf den Matten der Rhön. Sind sie doch perfekte Pfleger der einzigartigen Kulturlandschaft. Früher war ihre Haltung weit verbreitet – als nützliche Tiere für arme Kleinbauern und kalte Winter. Doch erst die Gründung des Biosphärenreservates und das damit verbundene Umdenken retteten den Berufszweig und verschafften dem Rhönschaf neue Bedeutung. Auch andere alte Traditionen werden wiederentdeckt und gepflegt.

Der Ruf der Rhön …

… verheißt lange, kalte Winter. Was den Wintersportler freut, formte in der Vergangenheit das ausgeprägte Gemeinschaftsgefühl der Dorfbewohner. Nachbarschaftliche Hilfe beim Schlachten, partnerschaftliches Nutzen der Vorräte und gemeinsames Handwerk formten eine Solidarität, die sich in der ländlichen Region bis heute erhalten hat und in zahlreichen Bräuchen sichtbar wird.

Als hätten Riesen einst gekegelt

Steil erheben sich bewaldete Hügel, gesäumt von sanften Weiden und zwanglos in die Landschaft gestreut. Die nördliche Kuppenrhön macht ihrem Namen alle Ehre: Bergbuchenwälder kleiden die Kegel, bis sie sich zur Hochrhön hin zum massiveren Mittelgebirge verdichten und die Gipfel preisgeben. Vielerorts scheinen die Fachwerkdörfer das Panorama kaum zu unterbrechen, sie fügen sich harmonisch in die von Hecken und Feldgehölzen gesäumte Kulturlandschaft ein.

Umgeben von Kegeln: Haselstein östlich Hünfeld mit seiner barocken Kirche.

▲ Von Raps umkleidet sind die beiden Kirchen von Burghaun

▲ Im Formationsflug: Kraniche auf ihrem Weg nach Süden

▲ Deutschlands einzige Luftschifferin Tanja Witte

▼ Vulkankegel Stoppelsberg

▲ *Alles nur heiße Luft: Luftschiff ...* ▼ *... und Ballon*

Vereinzelt umherliegende Brocken vulkanischen Gesteins am Waldrand künden von weniger idyllischen Zeiten des Vorgebirges. Es muss – im Wortsinne – heiß hergegangen sein vor 20 Millionen Jahren. Buntsandstein, von den Urflüssen angeschwemmt und den Zeiten verdichtet, und Muschelkalk aus Resten der Lebewesen früherer Meere wurden wild durcheinander gewürfelt. Heraus kam, was sich heute als gigantisches Spiel präsentiert.

Hessisches Kegelspiel

Wie so oft gibt es zwei Sichtweisen – mindestens! Ebenso verhält es sich mit den Ansichten über und auf das Hessische Kegelspiel im Dreieck zwischen Bad Hersfeld, Hünfeld und der Grenze zu Thüringen. Der Betrachtungsweise dürften regionale, eben die jeweils eigenen ›Horizonte‹ zugrunde liegen. Für die einen – aus westlicher Richtung Sehenden – bildet der Stoppelsberg die Kugel des Spielaufbaus. Vom Bergfried der Burgruine aus kann man das gesamte Spiel überblicken. Eine Tafel dient der Orientierung. Von Osten her nehmen die anderen den Gehilfersberg bei Rasdorf als Kugel wahr. Auf dieser Kuppe steht eine sehenswerte Barockkapelle, die 1996 vollständig abbrannte und rasch dank privater und öffentlicher Initiative nach historischem Vorbild wieder errichtet wurde.

Doch gehören weder der eine noch der andere dieser beiden Berge der einzigartigen und charakteristischen Gruppierung an. ›So trägt das kleine Wiesel auf seinem lichten Rücken den Apfel in den Stall durch Moor und über Hügel‹ ist, in regionaler Mundart ausgesprochen, ein Merkvers für die neun Kegel, den die Kinder schon in der Schule lernen. Die Wörter beinhalten die Namen der Kegel, doch die beiden vermeintlichen Kugeln sind nicht darin zu finden. Die ›Aufstellung‹ könnte den höchsten Berg, den Soisberg (›So trägt ...‹), als Kugel ausweisen. Doch dann sind es nur acht Kegel.

Geologisch bezeichnet der Begriff Kegelspiel vereinzelt stehende Kuppen mit steilen Hängen. In der Entstehungsgeschichte dieser Landschaft bildeten sie wohl die Vulkanschlote, die, wegen ihrer

▲ *Die Rhön ist Bauernland: Gerstenfeld bei Haunetal*

▼ *Im Ultraleichtflugzeug über die Burg Hauneck*

▲ *Nicht nur für junge Bernhardiner ein Genuss*

▼ *Mystischer Ort: die ›Langen Steine‹ unterhalb des Stoppelsbergs*

▼ In der Rhön wird solides Fachwerk geschätzt: Meisenbach im Haunetal

härteren Beschaffenheit, dem Zahn der Zeit mehr trotzen konnten als das übrige Material.

Bei dieser Umgebung ist es kaum verwunderlich, dass einige ihrer heutigen Bewohner im deutschen Kegelsport eine führende Rolle spielen. Zum Teil kleine Dörfer bringen Vereine hervor, die die Sportart gehörig durcheinander wirbeln.

SPECIAL

Überreste aus Urzeiten

Unweit der Burgruine auf dem Stoppelsberg, über dem Haunetal gelegen, sind die ›Langen Steine‹ zu entdecken. Kaum in den Wald eingetreten, tauchen inmitten früherer Steinbrüche riesige Sandsteinquader auf – eine sagenhafte Atmosphäre. Die vor etwa 20 Millionen Jahren tätigen Vulkane formten nicht nur die Bergkegel der Umgebung, sie hoben auch ältere Sedimentablagerungen aus Buntsandstein. Aufgrund seiner Mineralstruktur zerbrach er in die zu sehenden quaderförmigen Stücke. Zu allen Zeiten regten diese die Phantasie der Menschen an. Eine Zeichnung auf einem der verbliebenen vier Quader wird der Jungsteinzeit zugeordnet, eine andere könnte germanischen Ursprungs sein. Einfacher ist das königliche Wappen zu erklären, das die Steine 1738 dem Landgrafen Friedrich I. von Hessen-Kassel sichern sollten, der außerdem König von Schweden war. Und eine der vielen Sagen erzählt von einem Bauern, der die Steine für ein vortreffliches Fundament seines Hauses hielt. Als er aber den Meißel ansetzte, brachten ihn plötzlich einsetzender Blitz und Donner zu der Einsicht, dass die Steine wohl eines Anderen Besitz seien. Bei ruhigerem Wetter und weniger frevelhaften Absichten ist dieser Ort aber unbedingt einen Besuch wert.

Ein Land voller Zeitzeugen

Einschneidend wirkte sich in der Region über 40 Jahre lang die Grenze zwischen der DDR und der BRD aus. Nicht nur die Landschaft, auch die Menschen sind durch die damalige Trennungslinie geprägt. In einigen Ortschaften endeten nun vorher weiterführende Straßen, Fremde kamen kaum noch durch, Häuser, die auf der Grenze standen, verfielen. Und die Bedrohung durch den tödlichen Streifen war all-

▲ *Einst Konfrontation, heute für den Frieden: Grenzmuseum Rasdorf*

▼ *Rasdorf: Grenzerinnerungen am ›Point Alpha‹*

▲ *Grenze als Bild: am Grenzmuseum Rasdorf*

▲ *Kunst im öffentlichen Raum: Hünfelds ›Offenes Buch‹*

▼ *Gegen das Vergessen: menschenverachtende Atmosphäre im Grenzmuseum Rasdorf*

gegenwärtig. Jetzt liegen die Dörfer an einer Hauptverbindungsachse von West nach Ost. Veränderung und Wachstum haben das Leben pulsieren lassen. Das alte Neue hat erfrischt.

Da verwundert es nicht, dass der entscheidende Tag auf einem Dokumentarvideo am eisernen Ausgang durch den Originalzaun im Grenzmuseum endlos läuft. Gebannt betrachten die Besucher minutenlang die Menschen, die im November 1989 erstmals den ›Westen‹ betraten, Hessen und Thüringer, die sich ungläubig und sprachlos anschauten, und erinnern sich dabei an den Geruch, den kilometerlange Trabi-Schlangen erzeugten.

Alle für einen, einer für alle

Gelangt man in eine Ortschaft und fängt mit der Nase den Duft von leckerem Kuchen oder frischem Brot ein, erinnert man sich zwangsläufig an Großmutters Backkünste. Klingt das ›Töttern‹ eines alten Traktors im Ohr und verbindet sich mit öligen Dieselschwaden, fühlt sich mancher in seine Kinderzeit zurückversetzt.

Konservativ, im Sinne von ›das Althergebrachte bewahrend‹, stellen sich Alltags- und Freizeitaktivitäten der Region dem Betrachter dar. Jung und Alt vereint die in jedem Dorf jährlich stattfindende Kirmes oder das traditionelle Brotbacken im öffentlichen Backhaus. In vielen Dörfern werden diese eigeninitiativ wieder hergestellt. Beim Backen arbeiten mehrere Familien zusammen. Ist es meist den älteren Männern vorbehalten, mit eigens dafür geschlagenem Reisig und Buchenknüppeln anzuheizen und die richtige Temperatur zu erzielen, bereiten und bearbeiten andere kräftige Arme den Brotteig und die Spezialitäten, die mit der verbleibenden Resthitze herrlich gelingen.

Auch auf anderem Gebiet werden Schätze der Vergangenheit bewahrt. Was Anfang und Mitte des 20. Jahrhunderts eine große Veränderung und Erleichterung für die armen Bauern der Rhön bedeutete, die Technisierung der Landwirtschaft vor allem durch Traktoren, ist heute gesuchtes Objekt großen Sammlerinteresses. Und so verbergen sich in manchem ehemaligen Kuhstall nun die Besonderheiten der beginnenden Industrialisierung.

▲ Beim Dorffest in Holzheim wird an die guten Seiten des finsteren Mittelalters erinnert

▲ Die Küken haben es nicht leicht an ihrem ersten Tag

▼ Glücklich, wer dies in seinem Garten findet

▼ Zwiesprache beim Holzheimer Dorffest im Haunetal

▲ *Glauben ist alltäglich: Sonntagsprozession in Dittlofrod, ...* ▼ *... Stärkloser Landfrauen*

Sichtbar wird diese Haltung gegenüber der Vergangenheit auch bei der Kleidung früherer Tage – der Tracht. Damals zeigte die traditionelle Tracht die Herkunft oder den Familienstand an. Auch heute pflegt sich noch so manche alte Frau so zu kleiden. Am besten präsentiert sich dieses Kulturgut auf dem alle zwei Jahre stattfindenden Internationalen Trachtenfest in Schlitz. Aus vielen Ländern reisen Interessierte zu diesem berühmten Ereignis, um zu schauen und sich zu zeigen.

SPECIAL

Dätscher und Ploatz

Wenn auf eines der vielen dörflichen Backhausfeste hingewiesen wird – ein Besuch lohnt wegen der örtlichen Spezialitäten immer. Und die unterscheiden sich häufig von Dorf zu Dorf. Stets empfehlenswert ist das Brot, manchmal nach Familienrezepten zubereitet, die von Generation zu Generation weitergegeben werden. Ist das Brot aus dem Ofen, wird die Resthitze für weiteres Backwerk genutzt. Ebenfalls auf Sauerteig backen der ›Zwibbelsploatz‹ und der ›Kartoffelploatz‹. Aus einem Teig aus gekochten Kartoffeln, bedeckt mit Schmand, Zucker und Zimt, entsteht der ›Dätscher‹; früher wurde restlicher Hefeteig mit Kartoffeln, selbst angebaut und daher kostengünstig, verlängert – der ›oagestellde Dätscher‹ im Dialekt.

Reinigendes Hutzelfeuer

Immer am ersten Sonntag in der Fastenzeit, dem nach Aschermittwoch, findet im ›Land der Buchen‹ ein alter Brauch statt. Noch älter als dieser Name für den Landstrich sind die Wurzeln dieser Sitte. Sie kommen aus Zeiten weit vor der Christianisierung. Am Abend dieses Sonntags werden am Rand jedes Dorfes große Feuer aus Reisig, alten Ästen und trockenen Weihnachtsbäumen entzündet. Der Winter soll ausgetrieben und der endlich nahende Frühling begrüßt werden.

Jede Dorfgemeinschaft versammelt sich um das eigene Feuer, und dem Betrachter bietet sich ein schaurig-schönes Bild der Landschaft, in der an vielen markanten Orten die reinigenden Flammen auflodern. Bis 1919 war diese Tradition noch ver-

▲ *Herbststimmung im Ilmestal nahe Stoppelsberg*

▼ *Herbstliches Kunstwerk: ...*

▲ *... Früchteteppich in Sargenzell*

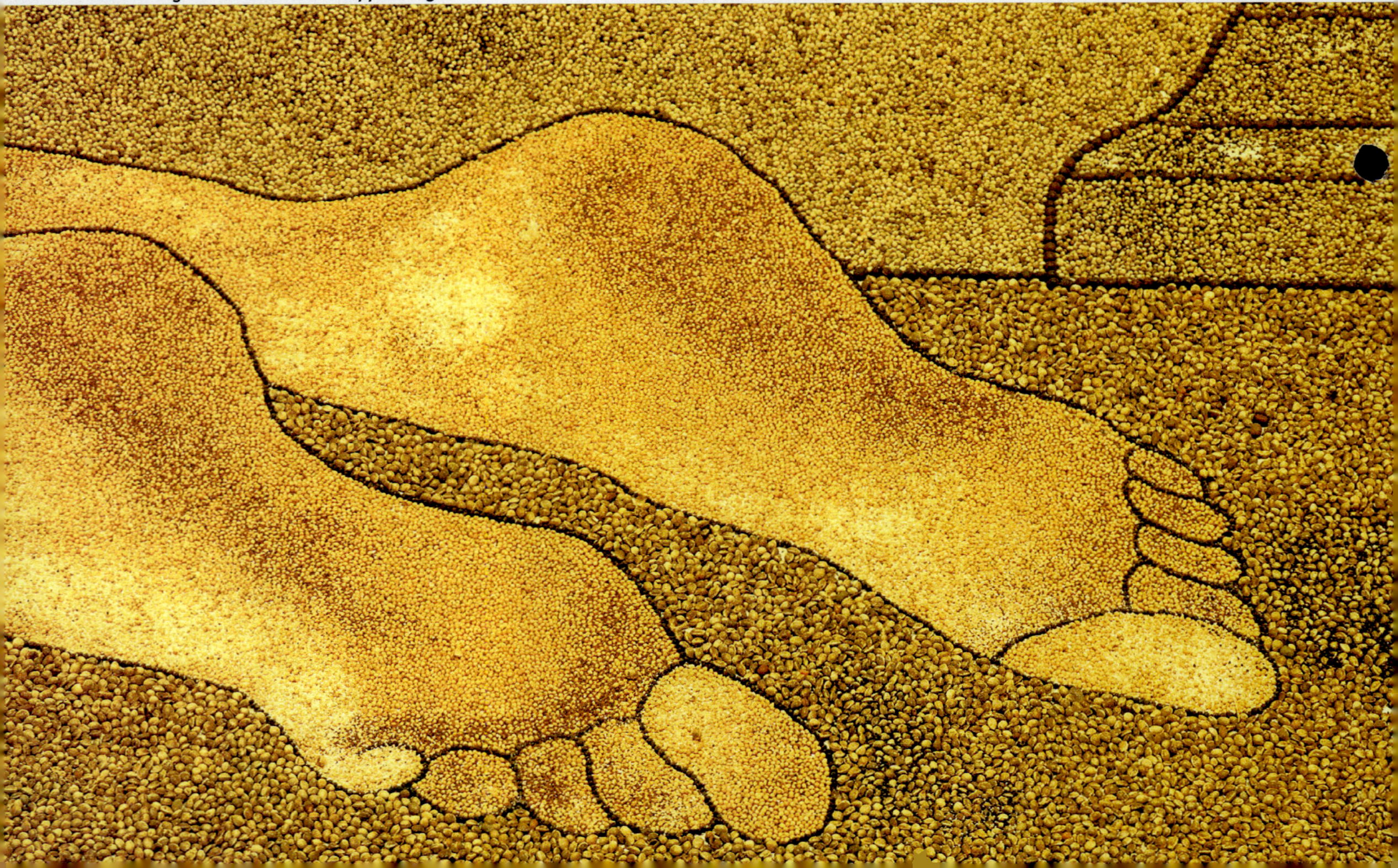

▲ *Ahorn im Herbstkleid*

▼ *Farbigkeit als Wanderkulisse im Haunetal*

boten, da nach dem langen Winter und der Fastnacht weitere Ausschweifungen in der Fastenzeit befürchtet wurden.

Vor diesem Verbot sammelten die Schulkinder des Dorfes am Sonntag davor geeignetes Brennmaterial und wurden später mit Leckereien belohnt. Zum Beispiel dem übrig gebliebenen Dörrobst, ›Hutzel‹. Daher der Name. Heute mühen sich die ansässigen Vereine um die Ausrichtung der dörflichen Treffen.

SPECIAL

Goethe und Napoleon

Einer verehrte den anderen, und ihre Lebenswege kreuzten sich mehrfach – durch die Schlacht von Jena und Auerstedt und die Besetzung Weimars, Audienzen und Ehrungen. Eine weitere Gemeinsamkeit ist kaum bekannt. Hünfeld beherbergte den deutschen Dichterfürsten und den Kaiser von Frankreich. Für Goethe bildete Hünfeld neun Mal ein Etappenziel. Bei einem Pferdewechsel erlebte er den dortigen Jahrmarkt. Aus diesen Eindrücken entstand 1814 ›gegen drei Uhr nachmittags‹ das Gedicht ›Jahrmarkt zu Hünfeld‹. Auch Napoleon kam neun Mal durch Hünfeld – als siegreicher Feldherr und auf der Flucht. Entspannt war es im August 1813. Der Kaiser wurde jubelnd empfangen; eine Kapelle spielte die Weise ›Bist der beste Bruder auch noch nicht – wer dich sieht und kennt, der kauft dich nicht!‹ Von seinem General Rapp auf den Textinhalt aufmerksam gemacht, soll über Napoleons Gesicht ein Lächeln gehuscht sein.

Überraschende moderne Kunst

In diesem Reich des Traditionellen, Bodenständigen mutet der Gedanke an moderne Kunst zumindest ungewöhnlich an. Doch der Besucher wird vielfältig, ideenreich und außergewöhnlich beeindruckt. Hünfeld ist dafür ein gutes Beispiel. Zum einen ist ›Das offene Buch‹ der Stadt ein weltweit einzigartiges Gesamtkunstwerk. An Fassaden von Privathäusern und öffentlichen Gebäuden, bei der Einfahrt ins Parkhaus und unvermutet in Hinterhöfen oder schlicht am Wegrand findet der Spaziergänger Werke konkreter Poesie. Über 100 Kunstwerke, ausgeführt

▲ *Das ›Lollsfierche‹ lodert beim Lullusfest: Bad Hersfeld*

▼ *Lokale Größen: ›Take Five‹ beim alljährlichen ›Joss-Stock‹-Musikfestival in Niederjossa*

TIPP

Vater des Computers

Ein Hünfelder Bürger, Konrad Zuse (1910–1995), war der ›Vater des Computers‹, denn er konstruierte bis 1938 die erste programmgesteuerte Rechenmaschine der Welt. Seine Rechner – seinerzeit noch auf mechanischer Basis, aber bereits mit visionärem binären System – füllen Räume und führen die rasante Entwicklung der letzten Jahrzehnte vor Augen. Eine besondere Attraktion ist da der Nachbau des legendären Z3, 1941 während des Zweiten Weltkriegs entwickelt. Produziert hat Zuse ebenfalls in der Region und einige interessante, für jüngere Mitmenschen schon skurrile Technologieobjekte hinterlassen. Das Konrad-Zuse-Museum ist Teil des Stadt- und Kreisgeschichtlichen Museums in Hünfeld, das unter dem Motto ›Von der Steinzeit in die Computerwelt‹ das Spannungsfeld zwischen Frühgeschichte und Moderne präsentiert.

Die Stoppler Theatergruppe nutzt die Burg Hauneck als rustikale Kulisse

Burghaun 6

Der Fluss Haune und die gleichnamige Ritterfamilie gaben dem Ort seinen Namen. Die Ritter lagen in häufiger Fehde mit den Fürstäbten zu Fulda, was ihnen bei den dort beschäftigten Chronisten den Ruf als Raubritter einbrachte. Ihre Burg befand sich dort, wo heute die beiden Kirchen als Wahrzeichen von Burghaun einträchtig beieinander stehen.

Sehenswert: Das **Torhaus** (um 1400) ist das älteste Gebäude; es bildete den einzigen Zugang zur Stadt, die im Gegensatz zum restlichen Ort von einer Mauer umgeben war. Um die beiden nebeneinander stehenden barocken **Kirchen**, katholisch (1714) und evangelisch (1728), ranken sich viel Geschichte und Geschichten; interessant sind die den Altarraum säumenden Grabsteine der Ritter von Haune in der evang. Kirche. **Schloss** und **Herrenhaus** (um 1620) sind heute Sitz der Gemeindeverwaltung und bilden mit dem Schlosshof eine prächtige Kulisse für örtliche Veranstaltungen.

Museum: Im Herrenhaus ist das **Heimatmuseum** untergebracht, das von den Wirren der Geschichte berichtet (n. Vereinb., Tel. 06652/960115). Die **Galerie Liebau** präsentiert zeitgenössische Kunst in modernem Ambiente; in einem Wohngebiet steht ein von einem verwilderten Garten umgebener Pavillon, der international bedeutende Künstler in der Provinz präsentiert (Rhönblickstraße 63, www.galerie-liebau.de; Do. bis So. 16.00–19.00 Uhr). Eine private Sammlung alter **Traktoren** ist auf dem ehem. Gut Mahlertshof zu bewundern; über 70 Oldtimer warten hier auf den Kennerbesuch (westl. Richtung Schlotzau; Familie Martin, Tel. 06652/3106).

Veranstaltung: Am Wochenende nach Pfingsten findet im Schlosshof und -park ein **Kunsthandwerkermarkt** statt, der Anbieter aus dem gesamten Bundesgebiet anlockt.

Aktivität: An Sommerwochenenden mit ›flugtauglichem‹ Wetter besteht die Möglichkeit von Burghaun aus die Kuppenrhön und das Haunetal aus der Luft zu bewundern; östl. befindet sich ein kleiner **Flugplatz**, der Segel-, Motor- und Ultraleichtflugzeuge zur Mitnahme von Passagieren bereithält (Tel. 06652/2990, www.flugplatz-plaetzer.de).

Umgebung: In **Rothenkirchen** (nordw.) steht die Markuskapelle, im Turmfundament noch karolingisch (8. Jh.).

ⓘ Gemeindeverwaltung, Schlossstraße 15, 36151 Burghaun, Tel. 06652/96010, Fax 06652/960126, www.burghaun.de

Spiegel des Kunsthandwerkermarkts in Burghaun

Haunetal 7

Der Stoppelsberg prägt die Dörfer der Großgemeinde. Seine Burgruine dient Theaterinszenierungen, Konzerten und anderen Veranstaltungen als Kulisse. Sie ist aber auch als Wanderziel attraktiv. Auf dem Bergfried stehend, breitet sich dem Betrachter die ganze Aufstellung des Hessischen Kegelspiels aus.

Sehenswert: Die **Langen Steine** am südl. Hang des Stoppelsberges geben ein Geheimnis aus der Zeit der Vulkantätigkeit preis und stellen eine Kuriosität dar.

Aktivitäten: Ab Neukirchen ist die Haune für **Flusswanderer** befahrbar (Übernachten und Kanuverleih, Familie Wörndl, Kirchberg 8, 36166 Neukirchen, Tel. 06673/919114, Fax 06673/8240, www.haunehof.de).

Umgebung: Nördl. des Stoppelsberges liegt das malerische Dorf **Oberstoppel**, das einigen Wanderwegen als Anlaufpunkt dient. Dort besteht eine zünftige Einkehrmöglichkeit im Land-Café ›Gänsehöfchen‹ (Mi.–Sa. ab 14.00 Uhr, Tel. 06673/919249).

ⓘ Gemeindeverwaltung, Stoppeler Straße 12, 36166 Haunetal, Tel. 06673/92100, Fax 06673/921040, www.haunetal.de

WAK HQ 78

Die neue und alte Mitte

Fluch und Chance zugleich bedeuteten die Jahrzehnte der deutschen Teilung für die Landschaften der Rhön. Trennte der ›Eiserne Vorhang‹ doch, was zusammengehört. Aber zugleich konnten sich Lebensräume entwickeln, die andernorts ihresgleichen suchen. Auf dem ehemaligen Grenzstreifen etwa, heute als Kette schützenswerter Einzelflächen ausgewiesen. Die Kulturgüter vergangener Jahrhunderte rücken ebenfalls mehr und mehr ins Licht des aktuellen Interesses – Schätze, die sich finden lassen wollen.

Allee samt ›Trabi‹: Der deutsche Osten hat sein eigenes Gesicht – hier in der Nähe von Zella.

▲ *Das Abendlicht verzaubert auch schlichte Getreidefelder*

▲ *An Selbstbewusstsein fehlt es in der Rhön nicht*

▲ Unverhohlene Neugier zeigt auch das Rhöner Rindvieh

▼ Landschaftsidyll bei Zella

Noch immer ist der thüringische Teil der Rhön von der Geschichte der letzten Jahrzehnte, der deutschen Teilung, geprägt. Augenfällig sind die Zeichen der ehemaligen Randlage der Region in Dörfern, Kulturlandschaft und Natur. Ebenso wird für den Gast erfreulicherweise auch die aktuelle Lage, die neue Mitte, an vielen Stellen erkennbar. Ein schönes Beispiel ist die Vorreiterrolle des Bundeslandes bei der Renaturierung und alternativen Nutzung der alten Grenzanlagen.

Hier lässt sich Natur erleben

Geologisch bietet die Thüringer Rhön einige Besonderheiten. Muschelkalk, Basalt oder Sandstein bilden interessante Formationen. Viele ehemalige Steinbrüche ermöglichen privates Forschen und bieten oft hervorragende Ausblick auf das Rhönpanorama. Ein Wanderziel ist das ›Träbeser Loch‹. Mystisch und aus einer anderen Zeit mutet der Hochwald an, der abrupt in ein etwa 80 Meter breites und knapp 30 Meter tiefes Loch abfällt. Das wirkt sonderbar fehl am Platze. Die Ursache dieses Erdfalls sind vermutlich Auslaugungen von salzhaltigem Gestein. Über das Alter des Einbruchs ist nichts bekannt, erstmals wurde dieses zwischen Kaltennordheim und Meiningen am Gebaberg gelegene Naturdenkmal vor 300 Jahren erwähnt.

Herrliche Wandermöglichkeiten in einzigartigem Terrain eröffnen sich auch rund um einen Eibenwald bei Glattbach. Südöstlich von Dermbach am Hang gelegen, stellt er eine floristische Rarität dar. Der Ibengarten gilt als größter Eibenwald Europas – bestehend aus einem kleineren Eiben-Buchenwald an steileren Hanglagen und einem ausgedehnteren Orchideen-Buchenwald an weniger steilen Hängen. Die Eibe ist die älteste in Europa heimische Baumart und war weit verbreitet. Sie gedeiht auch auf magerem Muschelkalk. Am Neuenberg ist der Bestand bis heute erhalten. Schon 1938 wurde er zum Schutzgebiet erklärt. Das Alter mancher Eiben beträgt 600 Jahre. Seltene Orchideenarten wie Waldvögelein, Knabenkraut oder

▲ Fachwerk – im Zentrum von Vacha ...

▼ ... und im Kurbezirk von Bad Salzungen

▲ Und sie wächst täglich: Abraumhalde ›Monte Kali‹

▲ Bergbau bestimmte lange Zeit das Werratal

▼ *Vor allem ›Glück auf‹: am Erlebnisbergwerk Merkers*

▼ *Seit Jahrhunderten überspannen diese Steinbögen bei Vacha die Werra*

Frauenschuh blühen von Mai bis Oktober. Schautafeln und gekennzeichnete Wanderwege machen diesen Schatz der Natur für den Interessierten zugänglich.

Geografischer Kühlschrank

Die Ortsnamen im Südwesten Thüringens lassen aufhorchen: Kaltennordheim, Kaltensundheim, Kaltenwestheim, Kaltenlengsfeld. Man fragt sich, ob klimatische Bedingungen Ursache für die auffällige Namensgebung oder einfach keltische Siedlungszeiten in Erinnerung geblieben sind. Einheimische erzählen gern, dass es in der Region immer ein paar Grad kälter sei als in der Umgegend. Ältere Semester haben noch in der Schule gelernt, dass es in der Rhön drei Viertel des Jahres Winter und ein Vierteljahr kalt sei.

SPECIAL

Üppiger Kalkmagerrasen

Auch wenn sich die Bezeichnung anders anhört, diese Kulturlandschaft der Rhön stellt einen großen Reichtum an Tier- und Pflanzenwelt dar. Nach Waldrodungen im Mittelalter und jahrhundertelanger Beweidung der nährstoffarmen Böden haben sich diese seltenen Standorte entwickelt. Düngung würde die einzigartigen Orchideenarten, den außerhalb der Alpen seltenen Enzian oder die Rhönblume schlechthin, die Silberdistel, verdrängen. Auch wenn einige Arten das nicht vertragen, ist die Pflege durch Beweidung oder Mähen der Flächen notwendig. Sonst würden zahlreiche Kleinvogelarten und eine Fülle von Schmetterlingen verschwinden. An vielen Stellen ist diese Landschaftsform in der Rhön zu entdecken und mancherorts auch anhand von Schautafeln erklärt, so unterhalb des Ibengartens bei Dermbach-Glattbach.

Die Keltenzeiten haben sich in den Namen vermutlich nicht verewigt. Denn die Gewässerbezeichnungen, meist die ältesten überlieferten Namen, lassen sich eher aus dem Germanischen herleiten. Vielmehr sind die zweiten Teile der Ortsnamen um 800 im Zuge einer geplanten Besiedlung entstanden. Um eine Verwechslung mit Orten der weiteren Umgebung zu vermeiden, wurde im 14. Jahrhundert der

▲ Henneburghaus in Meiningen: Fachwerkglanz … ▼ … und Blütenpracht

▲ Klassisches Erbe: Meininger Theater … ▼ … mit Tragik-Figur

▲ *Gotisierend zeigt sich die Stadtpfarrkirche, ...* ▼ *... klassizistisch das Theaterfoyer*

Namensbestandteil ›Kalten-‹ davor gesetzt – wahrscheinlich, um dem rauen Klima am Rand der Hohen Rhön Rechnung zu tragen.

Die Kultur der Kelten

Kälte hin, raues Klima her – die Rhön war bereits weit vor unserer Zeitrechnung attraktiv. Spuren mittelsteinzeitlicher Jäger, Überreste bäuerlichen Lebens der Bronzezeit und keltische Siedlungen sind vielerorts zu entdecken. Funde aus der über 2500 Jahre zurückliegenden Hallstattzeit lassen sogar auf eine dichte Besiedlung schließen. Stadtähnliche Anlagen befanden sich auf Milseburg und Kleinem Gleichberg.

Am besten ›erlebt‹ man die Keltenzeit nach einem kleinen Aufstieg im Steinsburgmuseum auf dem Sattel zwischen Großem und Kleinem Gleichberg – am Originalschauplatz. Erste Befestigungsanlagen der Steinsburg gab es vor etwa 3000 Jahren. Mehrere Jahrhunderte war sie wohl Ausgangspunkt der keltischen Expansion, bis sie ein halbes Jahrhundert vor Christus aufgegeben wurde. Keramik, Grabbeigaben und Alltagsgeräte erinnern an eine Hochkultur, an regen Handel und die Beeinflussung dieser ›ersten Europäer‹ durch Etrusker, Griechen und östliche Reitervölker.

Frühe Grenzerfahrungen

Die Grenzlage der Rhön besaß nicht erst in den letzten Jahrzehnten eine Bedeutung, Jahrtausende wurden Erfahrungen ›im-‹ und ›exportiert‹. In Kunst und Kultur der Kelten an den eher fließenden Grenzen zu den germanischen Stämmen und später der römischen Welt sind Austausch und Veränderungen der Lebensweise nachweisbar. Das Ende der keltischen Kultur in der Rhön kam schleichend. Zum einen rückten germanische Stämme aus dem Norden vor, zum anderen besiegte Julius Cäsar die linksrheinischen Kelten im Gallischen Krieg und schwächte damit auch deren rechtsrheinische Siedlungsgebiete. Wahrscheinlich ging die Kultur in der neuen Bevölkerung und Epoche auf.

Meiningens Spuren in aller Welt

Beim Spaziergang durch die einstmalige Residenzstadt beeindrucken die Hinweise vieler Zeiten. Mehr als 1000 Jahre Geschichte haben Spuren hinterlassen. Und

▲ Zwei Welten: Landsberger Historismus und Meininger Plattenbau

▲ Schiere Wehrhaftigkeit: Burgruine Henneberg ▼ Traditionsbewusste Pracht: Schlosshotel Landsberg ▲ Fürstliche Großzügigkeit: Schloss Elisabethenburg

▼ Der Rittersaal von Schloss Landsberg versucht vergangene Zeiten aufleben zu lassen

es ist viel geschehen seit der Grenzöffnung. DDR-Grau ist an manchen Stellen noch sichtbar, doch überall schimmern belebtere Tage hervor. So erinnert der neoklassizistische Theaterbau an Zeiten, als das Meininger Ensemble weltberühmt war. Ende des 19. Jahrhunderts faszinierten die Meininger auf ihren Gastspielreisen in 37 Länder. Ihr Herzog Georg II. führte die ›Theaterreform‹ durch und betätigte sich selbst als Dramaturg und Regisseur. Nicht nur das moderne Regietheater ist davon maßgeblich beeinflusst worden, sondern die Reform prägte auch Schauspielschulen wie die von Lee Strassberg in New York, aus der namhafte Hollywoodschauspieler wie Al Pacino, Robert de Niro oder Dustin Hoffman hervorgingen.

SPECIAL

Grünes Band

Der ehemalige innerdeutsche Grenzstreifen, von der Ostsee bis ins Vogtland nahezu 1400 Kilometer lang, hinterließ ein einzigartiges Biotop-Verbundsystem, das ›Grüne Band‹. Thüringen hat den größten Anteil: Sein Mosaik von unbewirtschafteten Wäldern, Staudenfluren und Hecken zählt 763 Kilometer. In der Abgeschiedenheit des ›Todesstreifens‹ konnte die Natur wertvolles Leben entwickeln. Störungsempfindliche Arten wie Schwarzstorch oder Birkhuhn fanden ihren Rückzug auf dem heute 20 bis 100 Meter breiten Streifen. Mitte der 1990er-Jahre wurde ein Konzept zur Erhaltung und weiteren Nutzung entwickelt. Den Eckpunkt bildet dabei der Schutz dieses ›Grünen Mahnmals‹ für künftige Generationen. Aber auch die verträgliche Nutzung ist definiert. So wird jährlich der gleichnamige Wanderweg, oftmals auf dem alten Kolonnenweg, erweitert. An ihn knüpfen Rundwanderwege in die benachbarten Ortschaften an.

Sogar in Australien sind Spuren von Meiningen zu finden. Die dortige Metropole Adelaide ist nach Prinzessin Adelheid von Sachsen-Meiningen benannt, die 1818 den britischen Thronfolger Wilhelm Heinrich heiratete und später dem Empire vorstand. Auf ihre Verbundenheit zur Heimat und Unterstützung gehen viele Bauten und Gestaltungen in und um Meiningen zurück.

▲ Natürlich Fachwerk: im Museumsdorf Tann

▲ Seit 450 Jahren bietet es Schutz: Tanns Stadttor ▼ Zum Stubenabend im Lahrbacher ›Gasthof Kehl‹ gehören ein Mönchsständchen … ▲ … und Blasmusik

▼ Spinnen war in der Rhön nicht nur Frauensache

Den Meininger Drang, in die Welt hinauszuziehen, verkörpert das volkstümliche Lied ›Hoch auf dem gelben Wagen‹. Rudolf Baumbach, der Dichter, dessen Feder der Liedtext entsprang, verbrachte Kindheit und Lebensabend in der Musenstadt. Bei der Rückkehr in seine Heimat 1885 brachte er den Ruf als burschikoser Dichter rund um Wein, Weib und Wandern mit. Ihm ist das Literaturmuseum, das Baumbachhaus, gewidmet, das auch die Verbundenheit anderer Schriftsteller zur Stadt dokumentiert: Friedrich Schiller, der im nahe gelegenen Bauerbach Asyl auf seiner Flucht fand, aber auch der Märchenerzähler Ludwig Bechstein oder der Romancier Jean Paul.

SPECIAL

Der Robin Hood der Rhön

Auch die Rhön hat ihren Robin Hood! Die romantisierende Heimatdichtung der Wende vom 19. zum 20. Jahrhundert schuf ihn. Am 5. Februar 1736 wurde Johann Heinrich Valentin Paul als uneheliches Kind einer Magd und eines Soldaten geboren. Mit fünf Jahren bereits Waise, war er später Schäferknecht. Die Liebe zu einer reichen Bauerntochter konnte nur unglücklich enden und ließ ihn als Soldat in den Siebenjährigen Krieg ziehen. Zurückgekehrt, vermochte er in der Heimat nicht mehr Fuß zu fassen. Er bestahl reiche Bauern, schmuggelte Salz über die vielfältigen damaligen Territorialgrenzen und frönte der Wilderei. Sein Unterschlupf war eine Höhle im Neuberg bei Glattbach, im ›Ibengarten‹. Mehrfach gefangen und wieder entflohen, wurde er 1780 ›wegen Abschusses der schönsten Hirsche‹ festgesetzt, verurteilt und an den Galgen gebracht. Den Reichen habe er genommen, den Armen geholfen – der Stoff für Legenden war gewoben.

Auch in der Geschichte der Musik gibt Meiningen einen guten Ton an. Die über 300-jährige Tradition der Meininger Hofkapelle erlebte ihre Blüte zu Zeiten des ›Theaterherzogs‹ Georg II. Richard Wagner griff auf Meininger Musiker in seinem Nibelungen-Orchester zurück, und Johannes Brahms, Richard Strauss und Max Reger hinterließen hier ihre Werke der Nachwelt.

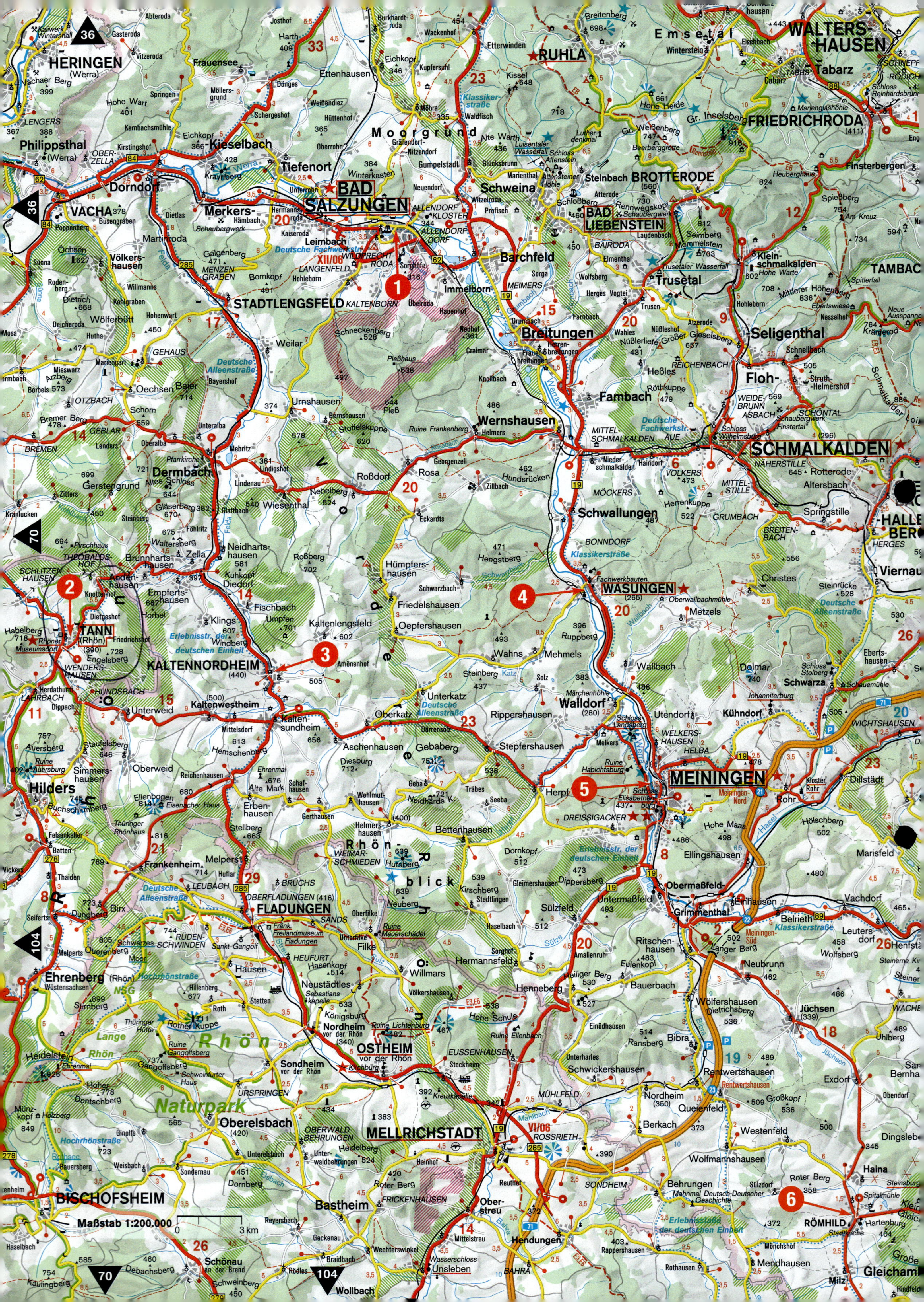

HERINGEN (Werra)
Philippsthal (Werra)
Kieselbach
Tiefenort
BAD SALZUNGEN
VACHA
Dorndorf
Merkers-Kieselbach
Moorgrund
RUHLA
Emsetal
WALTERSHAUSEN
Tabarz
FRIEDRICHRODA
Finsterbergen
Schweina
BAD LIEBENSTEIN
BROTTERODE
Trusetal
Barchfeld
Immelborn
STADTLENGSFELD
Breitungen
Seligenthal
Floh
Fambach
Wernshausen
SCHMALKALDEN
Dermbach
Roßdorf
Rosa
Schwallungen
WASUNGEN
TANN (Rhön)
KALTENNORDHEIM
Kaltenwestheim
Kaltensundheim
Walldorf
MEININGEN
Hilders
Oberweid
Frankenheim
FLADUNGEN
Ehrenberg
Untermaßfeld
Grimmenthal
Obermaßfeld
Ritschenhausen
Neubrunn
Jüchsen
Nordheim vor der Rhön
OSTHEIM vor der Rhön
Sondheim vor der Rhön
Oberelsbach
Naturpark
MELLRICHSTADT
Bastheim
BISCHOFSHEIM
Ober-streu
Hendungen
RÖMHILD
Haina
Gleichamberg
Maßstab 1:200.000
0
3 km
Deutsche Alleenstraße
Klassikerstraße
Erlebnisstr. der deutschen Einheit
Hochrhönstraße
Rhön
1
2
3
4
5
6

Infos

Bad Salzungen 1

Im Werratal am Rande der Rhön liegt das alte Soleheilbad, dessen Salzquellen wohl schon von den Kelten genutzt wurden. Schon ab 1590 entstanden Gradierhäuser zur Salzgewinnung. Das heutige Gradierwerk wird nur noch zu Heilzwecken genutzt. Die heilsame Wirkung der Sole wurde erkannt, da die Arbeiter trotz ihrer mühsamen Tätigkeit eine auffallend stabile Konstitution besaßen. Zu Beginn des 19. Jh. kamen erste Kurgäste aufgrund des Klimas; 1851 wurde das Kurhaus des Solebadvereins eröffnet. Der Burgsee entstand durch Salzauslaugungen.

Sehenswert: In der Nähe des Bahnhofs steht das **Gradierwerk**, das durch seine Fachwerkbauweise auffällt. Der Renaissancebau **Haunscher Hof** ist eines der ältesten Gebäude der Stadt; das eindrucksvolle Kellergewölbe bietet Raum für Lesungen oder Jazzabende (Kulturverein, Tel. 03695/852840).

Museum: Das **Stadtmuseum ›Türmchen‹** ist in einem Fachwerkhaus von 1499 mit Glockenturm untergebracht (August-Bebel-Straße 69; Di. 12.00–16.00, Mi. und Do. 8.00–16.00, Fr. 8.00–12.00, So. 14.00–17.00 Uhr).

Aktivitäten: Das **Keltenbad** ergänzt das historische Gradierwerk durch eine moderne Bade- und Saunalandschaft, Therapie- und Fitnessmöglichkeiten (tgl. 10.00–22.00 Uhr). **Drachen- und Gleitschirmfliegen** bietet die Flugschule ›fly magic M‹ an (auch Tandemflug; Werrastraße 13, Tel. 0173/3769006). Vorzüglich und fast endlos lässt sich der Thüringer Wald auf dem nahe gelegenen ›Rennsteig‹ erwandern.

TIPP

Die Welt des weißen Goldes

Der Kali-Bergbau zwischen Hessen und Thüringen und dessen Halden prägen die Gegend. Das Kaliwerk in Merkers war einst das größte der Welt. Heute beherbergen die Stollen ein Erlebnisbergwerk. Die Fahrt 500 m unter Tage eröffnet Blicke in eine grandiose Kristallgrotte, in der Licht- und Musikinstallationen die Eindrücke verstärken. Bei ganzjährigen 22–24 °C werden Geschichten über den legendären Reichsbankschatz im Goldraum erzählt und der Kalibergbau von früher und heute anschaulich illustriert (Erlebnis Bergwerk Merkers, Zufahrtstraße 1, 36460 Merkers, Tel. 03695/614101, Fax 03695/612472, www.erlebnisbergwerk.de; Führungen Di.–So. 9.30 und 13.30 Uhr, Voranmeldung ratsam).

Salzskulptur im Gradierwerk von Bad Salzungen

Umgebung: Bad Liebenstein (15 km östl.) blickt als einer der ältesten Kurorte Deutschlands auf über 300 Jahre Tradition zurück. Eng in die ersten Täler des Thüringer Waldes geschmiegt, verbreiten zahlreiche klassizistische Bauten ihren Charme.

In **Vacha** (20 km westl.) überspannt eine Steinbrücke aus dem 14. Jh. die Werra, deren Tal flussabwärts bei **Heringen** von den Kaligruben zwischen Hessen und Thüringen und deren Halden geprägt ist. Dort erhebt sich der ›Monte Kali‹, der sich tgl. um 13 000 t vergrößert; eine Besteigung lohnt, hat man neben der etwas fremdartigen Erfahrung des künstlichen Berges doch einen weiten Blick (nur in Absprache mit dem Bergbaumuseum). Das **Werra-Kalibergbau-Museum** berichtet über diese Industrie früher und heute (www.kalimuseum.de; April–Sept. Mo.–Fr. 10.00–12.00 und 14.00–18.00, Sa. und So. 14.00–18.00, sonst bis 17.00 Uhr).

ⓘ Kurverwaltungsgesellschaft Bad Salzungen, Tourist-Information, Am Flößrasen 1, 36433 Bad Salzungen, Tel. 03695/69340, Fax 03695/693422, www.bad-salzungen.de

TIPP

Empfertshäuser Schnitzer

Das sommerliche Holzbildhauersymposium bietet eine Woche lang die Möglichkeit, heimischen Künstlern bei der Arbeit zuzuschauen. In und um Empfertshausen (6 km nordw. Kaltennordheim) sind die Werke der letzten Jahre aufgestellt. Der Ort bildet das Zentrum der traditionsreichen Handwerkskunst, lädt in dieser Woche zu zahlreichen Veranstaltungen ein und ermöglicht das ganze Jahr über, Werkstätten zu besuchen und für die Region Typisches zu erwerben (Infos: Rhöner Holzbildhauer e. V. Hauptstraße 31, 36452 Empfertshausen, Tel. 036964/ 93445, Fax 036964/83853; Museum ›Alte Schnitzschule‹, Tel. 036964/ 83852).

Tann 2

Auf irische Mönche wird die erste Siedlung im malerischen Ulstertal zurückgeführt. Sie sollen im 7. Jh. – schon vor der großen Christianisierung von Bonifatius – hier gewirkt haben. Erste Belege der Stadt stammen von 1197. Die Herrschaft der Reichsfreiherren von und zu Tann im hohen Mittelalter blieb bis heute sichtbar; die Adelsfamilie, die die Reformation einführte und die Stadt befestigte, besteht noch heute. An drei Seiten vom ›Eisernen Vorhang‹ umgeben, hatte die Stadt bis 1990 ein schweres Los.

Sehenswert: Das **Renaissance-Stadttor** (1557) mit seinen zwei Türmen ist auch von innen zu besichtigen. Von dort bis zum Marktplatz ziehen sich **Fachwerkhäuser** des 17. und 18. Jh. Am **Elf-Apostel-Haus** zeigen Reliefs Christus und zehn der Apostel; der elfte und zwölfte gingen leider verloren. Ein schöner Fachwerkbau ist auch das **Ochsenbäckerhaus**, über dessen Tür ein Ochse seine Ruhe genießt. Seit dem 14. Jh. ist der hiesige Adel in drei Linien gespalten, und so sind drei Herrenhäuser, das Rote, Gelbe und Blaue Schloss zu bewundern (16. und 18. Jh.). Imposant und reizvoll, sich die späten Jahrzehnte des 16. Jh. vorzustellen, in denen Eberhard von der Tann das Stadttor, die Stadtmauer, die

Sieben von elf: Fachwerkdetail von Tanns Elf-Apostel-Haus

Thüringen ist das Land der Bratwürste – auch in der Rhön

Knottenmühle und eine für die Reformationszeit bedeutende evangelische Kirche bauen ließ; auch die Errichtung des Elf-Apostel- und des Ochsenbäckerhauses fallen in diese offenbar bewegte Zeit.

Museen: Zwei der bedeutendsten Museen der Region stehen in Tann (April–Okt. tgl. 10.00 bis 12.00 und 14.00–17.00 Uhr). Im **Rhöner Museumsdorf** stehen verschiedene Gehöftformen, die mit ihrer authentischen Einrichtung Unterschiede bäuerlicher Lebensbedingungen verdeutlichen. Die Gebäude wurden in hessischen Dörfern abgebaut und in Tann rekonstruiert; die vielfältigen Ausstellungsstücke sind lebensnah arrangiert. Gleich nebenan befindet sich das **Rhöner Naturmuseum**; die Tier- und Pflanzenwelt der Rhön in unterschiedlichen Zeiten wird in 21 Dioramen veranschaulicht – von der Großwildjagd in der Eiszeit bis zum Lebensraum des Feldhamsters ist alles dabei.

Veranstaltung: Am 2. Sept.-Wochenende findet das **Wirtefest** statt; dessen Besucher lassen sich mit örtlichen Spezialitäten verwöhnen, sehen das Backhaus in Betrieb und schlendern über den Flohmarkt.

Aktivitäten: Der **Ulstertal-Radweg** (rund 35 km) führt – weitgehend auf ehem. Bahntrassen – von Philippsthal über Tann nach Hilders (Anschluss an den Milseburg-Radweg). Tanns Umgebung ist ein reizvolles **Wanderrevier** mit ausgedehnten Rundwegen und einem Naturlehrpfad.

ⓘ Verkehrsamt Tann, Am Kalkofen 6,
34142 Tann, Tel. 06682/1655,
Fax 06682/8922, www.tann-rhoen.de

Kaltennordheim 3

Zwischen Vorderer Rhön und Hoher Rhön gelegen, gehörte der 795 erstmals erwähnte Ort zuerst dem Kloster Fulda, bevor er ab dem 14. Jh. von den Henneberger Grafen regiert wurde. Eine Besonderheit der Stadt ist der seit 1563 schon über 440-mal stattfindende Heiratsmarkt – diente er früher wohl dem Kennenlernen williger junger Menschen, stellt er heute ein Volksfest dar.

Sehenswert: Im ›**Schloss**‹ soll 1780 Goethe übernachtet haben, als er sich in Kaltennordheim aufhielt; sicher wurde hier der ›Rhön-Paulus‹ verurteilt. Eigentlich nur ein Amtshaus, wurde es auf den Fundamenten einer Wasserburg errichtet; bemerkenswert sind das Tor zum ›Schloss‹ und die 500 Jahre alte Amtslinde im Innenhof.

Museum: Das **Heimatmuseum** im ›Schloss‹ informiert über Landwirtschaft, Brauchtum und Leben der Landbevölkerung (So. 14.00 bis 17.00 Uhr).

Veranstaltungen: Der **Heiratsmarkt** findet zu Pfingsten statt. Regionaltypische Küche und heimische Braukunst lassen sich auf dem Anf. Okt. veranstalteten **Wirtefest** genießen.

Aktivitäten: Für **Wintersportler** sind in der Umgebung viele Kilometer Loipen in wunderbarer Natur gespurt. Der **Feldataradweg** (etwa 35 km) und 60 km **Wanderwege** durch Wälder, Steinbrüche und über Höhen stehen zur Verfügung. Besonders der Umpfen (701 m; nördl.) lohnt eine Besteigung; unterhalb des Berges befindet sich ein interessanter Lehrpfad, der u. a. die Köhler-Tradition zeigt. Auf einem Hochplateau bei Klings (nordw.) steht die jahrhundertealte Hexenlinde, Festplatz zur Walpurgisnacht.

ⓘ Tourist-Information, Schlosshof 4,
36452 Kaltennordheim, Tel. 036966/81220,
Fax 036966/7349

Wasungen 4

Der ›feuchte Rasen‹ (Wasen) am Ufer der Werra war namengebend für die im 12. Jh. entstandene Siedlung. Textilherstellung und Metallgewerbe brachten eine Blüte im 16. Jh., an die noch das heutige Ortsbild erinnert. Der Dreißigjährige Krieg unterbrach auch hier die Entwicklung nachhaltig. Durch die Wende wurde der Tourismus wirtschaftlich wichtiger Aspekt.

Sehenswert: Der Ort besticht durch schöne, so genannte fränkisch-hennebergische Fachwerkbauten, Adelshöfe und Bürgerhäuser teils aus dem 16. Jh. rund um das zentrale **Rathaus** (1534); besonders hübsch ist der **Mayenhof** (1576). In der unter Ensembleschutz stehenden Altstadt sind Teile der alten Befestigungsanlage aus dem 14. Jh., der **Judenturm** (13. Jh.) und die **Pfaffenburg** (urspr. 14. Jh.), zu besichtigen. Die im Urspr. spätgotische **Stadtkirche** (16.–18. Jh.) ist auf dem Chor einer Kirche des 13. Jh. errichtet. Der Bergfried der **Höhenburg Maienluft** (Urspr. 12. Jh.; Hotel und Restaurant) bietet ein romantisches Ziel für einen Spaziergang.

Museen: Das **Stadtmuseum** im ehem. Damenstift von 1596 berichtet über Besonderheiten der örtlichen Geschichte. Ein **Karnevalsmuseum** befindet sich im Aufbau (Untertor 1; Di.–Fr. 10.00–12.00 und 13.00–16.00, Sa. 10.00–12.00, So. 14.00–16.00 Uhr, Nov. bis Febr. So. geschl.).

Veranstaltung: Die **Karnevalshochburg** zieht jedes Jahr zum historischen Festzug am Sa. vor Aschermittwoch Tausende Schaulustige an. Anfänge des närrischen Treibens gehen bis ins 16. Jh. zurück.

ⓘ Stadtverwaltung, Markt 7,
98634 Wasungen, Tel. 036941/79446,
Fax 036941/79466, www.wasungen.de

Meiningen 5

Meiningen lebt nicht nur vom Flair vergangener Tage. Die Stadt zwischen Thüringer Wald und Rhön ist in den letzten Jahren dabei, sich herauszuputzen. Das Kleinod in der Mitte Deutschlands blickt auf mehr als 1000 Jahre zurück. Wohlhabende Tuchmacher aus dem 16. Jh. haben im Stadtkern Fachwerkhäuser hinterlassen, die teilweise restauriert wurden. 1680–1918 war Meiningen Residenzstadt der Herzöge von Sachsen-Meiningen. Diese Ära prägt das Stadtbild noch heute.

Sehenswert: Das **Theater** gilt als letzter klassizistischer Bau seiner Art; nachdem ein Brand das alte Gebäude vernichtete, wurde 1909 das jetzige Gebäude errichtet. Besucher reisen von weither an, um die Aufführungen zu genießen (www.das-meininger-theater.de,

Klassizistischer geht es nicht: Meiningens Theater

Fachwerkschmuck in Meiningen

Tel. 03693/451222). 238 Jahre residierten die Herzöge von Sachsen-Meiningen im **Schloss Elisabethenburg**; ab 1681 wurde es auf Resten einer gotischen Burg erbaut und den Bedürfnissen der Herrscher entsprechend immer wieder umgestaltet (heute Museum). Das barocke Gebäude zeigt daher von barocken Räumen wie dem Hessensaal, heute Café, über Rokoko bis zur Neorenaissance und zum Neoklassizismus viele Stilepochen.

SPECIAL

Schiller in Bauerbach

Der 23-jährige Friedrich Schiller weilte von Dezember 1782 bis Juli 1783 in Bauerbach bei Meiningen. Auf seiner Flucht aus Württemberg fand er dort Zuflucht bei Henriette von Wolzogen. Er arbeitete an ›Kabale und Liebe‹ und unterstützte den Meininger Herzog gegen seine Coburger Verwandtschaft mit einem satirischen Gedicht. Das Dorf animiert er noch heute zu Theateraufführungen auf der idyllischen Naturbühne (Tel./Fax 03693/50000, www.naturtheater-bauerbach.de; Mai–Sept.).

Für eine Stadt dieser Größe sind die Großzügigkeit der beiden Landschaftsgärten ungewöhnlich – eine Residenz leistete sich eben so etwas. Den **Englischen Garten** neben der Elisabethenburg mit ihrem **Schlosspark** schmücken Denkmäler berühmter Künstler, die Bezug zu Meiningen haben. Zwischen zwei erhaltenen Bleichgräben, urspr. Stadtbefestigung und später von den Tuchmachern genutzt, lässt sich die halbe Stadt aus einer nostalgischen Position betrachten.

Die ältesten Bauteile der evang. **Stadtpfarrkirche Unserer Lieben Frau** sind 1000 Jahre alt; 1884–1889 bekam sie bei tiefgreifenden Umbauten ihre heutige Gestalt.

Museen: In glorreiche Vergangenheit und Inszenierungen will das **Theatermuseum ›Zauberwelt der Kulisse‹** in der ehem. herzoglichen Reithalle (18. Jh.) entführen; Bühnenbilder sind aufgebaut und mit stimmungsvoller Beleuchtung ins passende Licht gerückt (Schlossplatz 1; Vorführungen Di.–So. und Fei. 10.00, 12.00, 14.00 und 16.00 Uhr). Gleich gegenüber befinden sich im **Schloss Elisabethenburg** vier Museumsabteilungen; neben seiner historischen Ausstattung, einer Kunstsammlung und Werken der DDR-Gegenwartskunst verdient die theatergeschichtliche Sammlung Aufmerksamkeit, eine der umfangreichsten Deutschlands. Die musikgeschichtliche Sammlung erhält ihren Reiz durch die Verbindung Meiningens und seiner Hofkapelle zu Johannes Brahms, Richard Strauss, Hans von Bülow und Max Reger (Schlossplatz 1, www.meiningermuseen.de; Di.–So. 10.00–18.00 Uhr). Eine Literaturabteilung ist im **Baumbachhaus** untergebracht, dass v. a. dem Dichter Rudolf Baumbach (1840–1905) gewidmet ist; u. a. stammt der Text des nicht nur durch Altbundespräsident Scheel bekannten Lieds ›Hoch auf dem gelben Wagen‹ von ihm (Burggasse 22; Di. bis Fr. 10.00–18.00, Sa. und So. 14.00–16.00 Uhr).

Veranstaltungen: Eisenbahnfreunden ist Meiningen durch sein **Dampflokwerk** bekannt; historische Lokomotiven und auch Waggons aus ganz Europa werden restauriert. Spektakulär und gut besucht sind die **Dampfloktage** am 1. Sept.-Wochenende; Betriebsführungen freuen Junge und Junggebliebene (Am Flutgraben 2, www.dampflokwerk.de; jeden 1. und 3. Sa. im Monat, 10.00–12.00 Uhr).

Umgebung: Am Rand Meiningens befindet sich die Goetz-Höhle, größte Kluft- und Spalthöhle Europas und gut zu Fuß zu erreichen (Am Dietrich, www.goetz-hoehle.de; Di.–So. Mai–Sept. 10.00–17.00, sonst 11.00 bis 15.00 Uhr). Hoch über dem Werratal thront bei Walldorf (nördl.) **Schloss Landsberg**; Königin Adelheid von England ließ das ›Märchenschloss‹ 1836–1840 mit grandiosem Ausblick auf Stadt und Werratal erbauen (Hotel und Restaurant); atmosphärische Kulisse für das herbstliche Märchen- und Sagenfest. Attraktiv für Familien ist die **Sandstein- und Märchenhöhle Walldorf** (8 km nördl.); einst Abbaustelle für Sand, bieten die 65 ha heute Platz für 30 Märchenszenen und Standbilder aus dem Alltag der Sandmacher (www.sandstein hoehle.de; März–Okt. tgl. 10.00–17.00/18.00 Uhr).

ⓘ Tourist-Information, Markt 14,
98617 Meiningen, Tel. 03693/44650,
Fax 03693/446544, www.meiningen.de

RÖMHILD 6

Die Gegend um Römhild blickt auf 10 000 Jahre Besiedlung zurück. Keltische und germanische Wurzeln lassen sich finden. Hier residierten von 1680 bis 1710 die Grafen von Henneberg.

Sehenswert: Die trutzig wirkende Schlossanlage der **Glücksburg**, urspr. eine Wasserburg (ab 1465), gruppiert sich um zwei Innenhöfe. Die gotische **Stiftskirche St. Maria** wurde 1470 fertig gestellt, eine letzte Ruhestätte für die Grafen – eindrucksvoll sind Grabplatten und Sarkophag (www.kirche-roemhild.de).

Museum: Die **Glücksburg** beherbergt ein stadtgeschichtliches Museum (Mi.–So. 13.00 bis 16.00 Uhr).

Veranstaltung: Der **Kalte Markt**, urspr. ein Kram- und Taubenmarkt, findet am letzten Do. im Januar statt und erklärt mit diesem Termin seinen Namen.

Die Rhöndistel, Symbol der Landschaft

Aktivitäten: Die weit zurückreichende Vergangenheit des Landstrichs ermöglicht die Ausweisung eines **Archäologischen Wanderweges.** Grabhügel, Ruinen und heilige Stätten können in drei Tagestouren begangen werden (Broschüre ›Archäologischer Wanderweg im Gleichberggebiet‹).

Einkaufen: In 300-jähriger Töpfertradition wird neben **Gebrauchs- und Zierkeramik** auch keltische Keramik angeboten. Den Töpfern darf man über die Schulter schauen (Schautöpferei Weingarten, Heurichstraße 2, Tel. 036948/80794; Töpferei Martin, Griebelstraße 19, Tel. 036948/20261).

Umgebung: Auf dem Kleinen Gleichberg (östl.) befinden sich die Reste der **Steinsburg**, einer keltischen Siedlungsanlage (um 1200–1. Jh. v. Chr.). Auf dem Gipfel genießt man einen grandiosen Ausblick auf Thüringer Wald und Umgebung. Im Tal liegt das Steinsburgmuseum, ein Spezialmuseum für Ur- und Frühgeschichte, das zeigt, was Steinzeit, Kelten und Germanen hinterließen (Waldhaussiedlung 8; tgl. 9.00–17.00 Uhr).

ⓘ Verwaltungsgemeinschaft Gleichberge,
Griebelstraße 28, 98631 Römhild,
Tel. 036948/80205, Fax 036948/80204,
www.stadt-roemhild.de

Freiheit, fast grenzenlos

Dort, wo sich die Rhön zu größeren Höhen aufschwingt, bewahrheitet sie ihren Namen als ›Land der offenen Fernen‹. Was sich wie ein geschickt gekleideter Werbeslogan anhört, stammt aus einem 50 Jahre alten Gedicht von Herbert Seiler: ›Land der offenen Fernen, groß und einfach, karg ist deine Erde. Früh wird Winter, deine Berge stehen offen allem Wetter, und die Wälder reichen nur bis an ihr Knie.‹ Verstehen wird es, wer die Fernsicht auf einem der Rhöngipfel genießt, den Blick über Moore, Wäldchen und Vulkangestein schweifen lässt.

Die Wasserkuppe ist ein Zentrum der Fliegerei – das dokumentiert seit 1923 das Fliegerdenkmal.

▲ Sommerliche Blumenpracht vor der Abtsrodaer Kuppe

▼ Schwieriges Terrain: Blockmeer unterhalb der Steinwand

▲ Auf dem Holzweg im Roten Moor

▲ Den Gipfel erreicht: Wachtküppel

▼ Badevergnügen am Guckaisee

Von Norden und Westen her schwingt sich die Kuppenrhön langsam mit mehr als einhundert einzelnen Kegelbergen den Hochflächen entgegen. Milseburg, Stellberg und Maulkuppe sind touristische Höhepunkte, bisweilen schon über 800 Meter hoch. Mancher Wanderer macht sich von hier aus auf den Weg zum höchsten Berg Hessens, der Wasserkuppe. Bergweiden mit verstreuten Basaltblöcken säumen seinen Weg, kurz taucht er in Laubwälder ein, um dann wieder weit über raues Grün zu neuen Höhen zu schauen.

Basalt bildet die Hochflächen des Gebirges – durch Rodung, Köhlerei und Viehtrieb seit dem späten Mittelalter nahezu waldfrei. Trockenrasen mit Wacholder prägen ihr Aussehen. Blockhalden, Geröllflächen vulkanischer Gesteinsschichten, bieten einen speziellen Lebensraum.

Kahler Buckel Wasserkuppe

Immer wieder bildet der höchste Berg der Rhön mit seinen auffälligen Abbruchstufen und der sich wölbenden Hochebene bei Touren in der Hochrhön die Kulisse. Von den charakteristischen drei Kuppeln, aus denen einst der Luftraum bis Moskau überwacht wurde, steht noch eine. Die nächtliche, weithin sichtbare Beleuchtung der Gipfelanlagen erstrahlt zurzeit nicht. Zur Wetterbeobachtung werden die Einrichtungen aber immer noch genutzt.

Ein Spaziergang auf dem ›Dach der Rhön‹ kann sich abwechslungsreich über einen ganzen Tag erstrecken. Wie aus der Krone des Pferdskopfes herausgebrochene Zacken wirken die dortigen schroffen Basaltfelsen. Die südwestliche Erhebung des Wasserkuppenmassivs bietet einen exzellenten Aussichtspunkt auf die zur Einkehr einladenden Einzelgehöfte der Umgebung. Wie ein aufgeschlagenes Buch der Geologie liegt ein altes Bergrutschgebiet unterhalb des 875 Meter hohen Gipfels und führt zum Guckaisee hinab. Etwas weiter nördlich förderte die Abtsrodaer Kuppe einst – bis heute gut sichtbar – Lavamassen ans Tageslicht. Heute ist sie Wintersportgebiet und Startpunkt für Modellflieger.

Wie die Wasserkuppe zu ihrem Namen kam? Stolze 30 Flüsse und Bäche entspringen dem Massiv – auch die offizielle Fuldaquelle, seit 1892 im Besitz des Rhönklubs

▲ ›Gummihunde‹ helfen dem Schulgleiter in die Luft: ...

▲ ... der SG 38

▲ Erinnerungen an den Pionier Otto Lilienthal: im Deutschen Segelflugmuseum

▼ Im Kleinen große Klasse: Modellflieger

▼ *Traditionell spielt an der Wasserkuppe der motorlose Flug die größte Rolle*

und standesgemäß in Basalt gefasst. Allerdings könnten auch fünf weitere Quellen, bequem auf einem Rundweg zu erkunden, darauf Anspruch erheben. Vereint fließen sie erst mal gemeinsam nach Süden.

SPECIAL

Wiege des Segelflugs

Der Flugpionier Otto Lilienthal (1848 bis 1896) schuf mit seinen Versuchen rund um das Fliegen und Gleiten den Begriff ›Segelfliegen‹. Nach seinem Tod bedurfte es der Brüder Wright und ihrer Vorführungen in Europa, um die Begeisterung des Fliegens neu zu entfachen. 1909 fand die erste Internationale Luftfahrtausstellung in Frankfurt statt, die Studenten aus Darmstadt derart fesselte, dass sie eine Flug-Sport-Vereinigung gründeten und selbst Hängegleiter bauten. Zwei Jahre später entdeckten sie die Wasserkuppe als Versuchsfeld und stellten 1912 den ersten Streckenweltrekord von 840 Metern in knapp zwei Minuten auf. Nach dem Ende des Ersten Weltkriegs wurde der Berg zum Treffpunkt Flugbegeisterter, die sich, erzwungen durch das Verbot des Motorfluges im Versailler Vertrag, dem Segelflug zuwandten. Sie kamen, blieben über den Winter und wurden als ›Rhönindianer‹ bezeichnet. Aus Zelten wurden Baracken, und offizielle Seiten sahen sich gezwungen, eine Außenstelle der Luftpolizei in der Rhön einzurichten. Einer dieser Ordnungshüter, Max Kegel, verfiel selbst dem motorlosen Fliegen und setzte dem Sport 1926 einen Meilenstein, als er auf der Flucht vor einem Gewitter die Thermik des Unwetters unerschrocken zum Höhengewinn nutzte. Bereits 1922 war es Arthur Martens auf einem der seit 1920 durchgeführten ›Rhönwettbewerbe‹ gelungen, über eine Stunde in der Luft zu bleiben. Ein Dauerflugrekord jagte den nächsten, und auch die Wiederzulassung des Motorfluges konnte die Dynamik der Entwicklung des antriebslosen Fluges nicht aufhalten – ein Phänomen, das bis heute anhält.

Der Berg der Flieger

Der Mittelpunkt der Wasserkuppe ist ganz dem Fliegen gewidmet. Segel- und Motorflug, Gleitschirm- und Drachenflieger, Modellflugzeuge und historische Fluggeräte und das Deutsche Segelflug-

▲ *Hauptsache nach oben: Gleitschirmfliegen ...* ▼ *... oder Klettern bei Steinwand*

▲ *Auf dem Gipfel der Wasserkuppe ist eine Pause angesagt*

▲ *Bei der Sommerrodelbahn zählt allein das Tempo*

▼ Glücklich nach dem ersten Flug: Gleitschirmfliegerin am Pferdskopf

▼ Nicht nur Gipfel sind zu erklimmen, auch tiefe Schluchten gilt es zu durchqueren: bei Gersfeld

museum teilen sich Terrain und den Luftraum darüber.

Auch derjenige, dem das Schauen genügt, läuft Gefahr, stundenlang bei spannenden Szenen und prickelnder Atmosphäre hängen zu bleiben. Mit etwas Glück bekommt man ein besonderes Schauspiel geboten und fühlt sich zurückversetzt in eine vergangene Zeit ursprünglichen Abenteuers. Wie ein überdimensioniertes Kinderspielzeug wirkt der Schulgleiter SG 38, ein flugzeugähnlich ausgebauter Holzbalken, wenn die ›Gummihunde‹, Enthusiasten aus ganz Europa, das historische Lehrflugzeug im Sprint am elastischen Band anziehen, während andere es hinten halten. Der Kommandogeber dirigiert die Startmannschaft, ruft der Haltemannschaft zu, wann der Moment des Loslassens gekommen ist, und versucht dem Wagemutigen auf dem Bock mit Ratschlägen zur Seite zu stehen, wenn er unvermeidbar den Boden unter der Kufe des Nachbaus verliert oder nach vielleicht 200 Metern ruppig auf dem Schräghang aufsetzt. ›Ausziehen!‹, ›Laufen!‹, ›Los!‹, klingt es immer wieder den Südhang hinauf. Die Segelflugschule bietet mehrtägige Kurse mit dem Ausbildungsflieger für Piloten von einst an. Von einmal insgesamt 5000 Stück existiert nur noch eine Hand voll, und alle Kursteilnehmer wollen einmal den nostalgischen Kitzel spüren. Gut, dass die Familienmitglieder auf ihren Campingstühlen das persönliche Erlebnis mit ihren Augen begleiten. Doch steigt der Kurzabenteurer auf der falschen Seite ab oder verliert in der Hektik seinen Hut, ist der Kasten Bier für das abendliche Zusammensein gesichert.

Markt der Möglichkeiten

Auch dem weniger Verwegenen eröffnen sich attraktive Möglichkeiten, die Tage mit Höhepunkten zu füllen. Im wörtlichen Sinn ist dies an der Steinwand möglich. Bei Poppenhausen erhebt sich unweit eines bei Wanderern beliebten Gasthofes eine Wand aus Basalt senkrecht aus dem dunklen Wald. Tritt man aus dem Schatten des Waldes heraus, erkennt man die zahlreichen Kletterrouten. Für jeden Anspruch ist etwas dabei. Oben auf den Kamm gelangt, genießt man einen freien Ausblick auf die Wasserkuppenrhön.

▲ Rodeln, der Winterspaß an der Wasserkuppe

◀ Die Hochrhön ...

▲ ... gilt als noch schneesicheres Revier

▼ Beim Rodeln spielt das Alter keine Rolle mehr

▼ *Viel Raum für Trendsport: Snowkiten erfordert Kondition und Können*

Für ein rasantes Hinab statt besonnenem Hinauf stehen die Wasserkuppen-Sommerrodelbahnen, im Winter eine Skiabfahrt. In der kalten Jahreszeit drängen sich die Menschen auf den verschiedenen Pisten des Berges. Loipen und Rodelhänge sind nun mit Leben gefüllt und erneuern den Ruf der Region für ihre guten Wintersportmöglichkeiten.

Familiärer wirken die Badevergnügen am Guckaisee. Selbst die Abendsonne erreicht noch die heimeligen Liegewiesen und wärmt den Talkessel mit den steilen Hängen auf. Taucht sie Bootshaus und Holzplanken in ihr sanft rötliches Licht, wirkt die Szene überraschend fremd für die raue Rhön. Still können die Gedanken zu den Eindrücken des Tages schweifen und zu Erlebnissen, die noch warten.

Für eine Sportart scheint die Landschaft der Rhön geradezu geschaffen zu sein: für Mountainbiker, beträgt der Höhenunterschied zwischen Tälern und Gipfel doch höchstens 500 Meter. Die extensive Nutzung der alten Kulturlandschaft im Biosphärenreservat bringt es mit sich, das sich viele kleine Wege harmonisch in ihre Umgebung einfügen und naturverbundene Touren schaffen.

Feenberg und frecher Bube

Ein zu jeder Jahreszeit fast mystisch wirkendes Terrain schafft der Schafstein im Osten der Wasserkuppe. Blütenteppiche aus Buschwindröschen, von Moosen überwucherte Basaltbrocken oder feucht-düstere Bergbuchenwälder präsentieren ein Reich der Feen und Kobolde. Der Aufstieg vom idyllisch gelegenen Reulbach führt den Wanderer einen von Wiesen bedeckten Talkessel hinauf. Von Südosten her taucht man dagegen direkt in den spärlich bestandenen Märchenwald ein. Den Gipfel erklommen, reißt die Wandelhalle der Natur plötzlich auf und breitet das typische Rhönpanorama aus.

Viel freier zeigt sich der Wachtküppel. Man sagt, der kleine Basaltkegel sei von fast allen Punkten der Rhön aus zu sehen – deshalb der Spitzname ›Lausbub der Rhön‹. Am Gipfelkreuz bietet sich ein imposanter Rundumblick. Falls sich der Wanderer bei der Orientierung auf seinen Kompass verlässt, ist er hier verlassen. Der

▼ Pausen wollen genutzt sein …

▲ Alpine Almstimmungen gibt es auch in der Rhön

▼ … jeder auf seine Weise: beim Lama-Trekking

▲ Beim Schäfer Weckbach lässt sich viel über Rhönschafe und Rhön erfahren

▲ Mit barocker Laterne: Kirchturm von Kleinsassen ▼ Kunst für jeden: Malkurs bei Kleinsassen

ehemalige Vulkanschlot hat so viel Magneteisenstein mit an die Oberfläche gebracht, dass sich die Nadel wirr dreht.

Die Aura eines Berges

›Heilig‹ und ›stimmungsvoll‹ sind Attribute, mit denen der Berg bezeichnet wird. Funde belegen, dass Menschen schon zwei Jahrtausende vor unserer Zeitrechnung die Milseburg besuchten. Später befand sich eine Stadt innerhalb des keltischen Ringwalls, die gerade Forschern als ergiebige Ausgrabungsstätte dient und zum Teil rekonstruiert wird. Zahlreiche Sagen und Legenden wurden um den Berg gewoben. Der einzige hohe Gipfel der Rhön, der nur zu Fuß erreichbar ist, erfreut sich bei Besuchern so großer Beliebtheit wie kaum ein anderer. Doch worin besteht die Anziehungskraft der Milseburg?

Auffällig ist die Gestalt, nahe liegend die Deutung als Sargform – Nahrung für die Sage vom Riesen Mils. Er soll missionierenden Mönchen ihr Vorhaben nach Kräften erschwert, Bekehrte verfolgt und gequält haben. Diesem wollte der Ritter und Heilige Gangolf ein Ende bereiten. Doch Wassermangel erschwerte das Vorhaben, wollte doch der Besitzer der Quelle unedlen Profit aus den edlen Absichten schlagen. Gangolf schöpfte einen letzten Helm voll aus dem Brunnen, goss ihn mitten in sein Lager, und sogleich entsprang ein neuer Born, der heute noch Gangolfsbrunnen heißt. Angesichts dieser übermenschlichen Fähigkeiten tötete sich der Riese Mils selbst, und der Teufel deckte über seinen toten Leib eine Totenlade.

Wissenschaftler sehen die Entstehungsgeschichte nüchterner. In den verschiedenen Phasen des Vulkanismus blieb eine so genannte Staukuppe aus Phonolith im älteren Tuffgestein stecken. Erosionskräfte taten das ihrige, um die Gestalt zu schaffen.

Letztlich kann nur der, der den Berg erwandert, seine Ausstrahlung empfinden. Hervorragend gelingt dies in der über hundert Jahre alten bewirtschafteten Schutzhütte. Ihre urig-rustikale Atmosphäre hat sie sich bewahrt und verleitet so manchen, länger als geplant zu bleiben. Doch auch der verspätete Abstieg mit immer bereitstehenden Fackeln kann ein stimmungsvolles Erlebnis sein.

▲ Dipperz glänzte an der Kneshecke mit dem längsten Grillspieß der Welt

▲ Die Rhön verfügt über eine Vielzahl Hütten: das Fuldaer Haus

▲ Erdbeeren, ein Frühsommervergnügen

▼ Picknick am Guckaisee

▲ *Verführerisch: Wanderpause im ›Alt-Tränkhof‹ bei Poppenhausen*

Wiesenduft und Farbenpracht

Die Pflanzen- und Tierwelt der Rhön birgt so manchen Schatz. Bestimmend und in ihrer Ausdehnung und Fülle einzigartig in Deutschland sind die Bergwiesen und Matten der Rhön.

Blumig sind die Namen der Pflanzengemeinschaften: Borstgrasrasen und Goldhaferwiese. In dem Mittelgebirge stellen sie im Gegensatz zum alpinen Raum keine ›Urwiesen‹ dar, sondern sind erst durch Rodung im Mittelalter entstanden. Doch wer die Intensität der Blüten geschaut, den Duft beim Mähen gerochen hat, scheut nicht den Vergleich mit alpinen Almen.

Borstgras ist eher unscheinbar, doch die so benannten Matten sind wertvoll. Nur einmal im Juli werden sie gemäht. Früher war es unter Strafe verboten, vor dem Kilianstag, dem 8. Juli, hinauf zum Mähen zu fahren. Die Mühsal der Arbeit und der geringe Ertrag wurden kaum durch die Würze des saftigen Winterfutters aufgewogen. Auf den nährstoffarmen Basalt- und Buntsandsteinböden gedeihen eben nicht die farbenprächtigsten Gräser und Kräuter, doch Arnika, Kugelige Teufelskralle, Hundsveilchen und Blutwurz sind treffend bezeichnete Gesellschafter in diesem schützenswerten Lebensraum.

Durch Düngung verwandelt sich dieser schnell in eine Goldhaferwiese. Diese werden ›zweischürig‹ genutzt, also zwei Mal im Jahr gemäht. Waldstorchschnabel und Schlangenknöterich sind Konkurrenten der Borstgrasrasengemeinschaft. Doch späte Mahd und zurückhaltende Nutzung bewahren Birkhuhn, Wachtelkönig und Wiesenpieper einen Brutplatz.

Nicht minder typisch ist der unter Naturschutz stehende Rotmilan, auch Gabelweihe genannt – eine Bezeichnung, die selbst dem Laien zum Erkennen dieses Raubvogels verhilft, gabeln sich seine Schwanzfedern doch deutlich im Flug. Über die Hälfte der Weltpopulation lebt in Deutschland. Sein Jagdgebiet sind die Wiesen und Äcker, aber auch der Straßenrand – was ihm manchmal zum tödlichen Verhängnis wird. Die Segelkünste der rund 120 Rhöner Brutpaare über den erwärmten Hängen der Rhön sind ein erhebender Anblick und wecken hochfliegende Träume.

Hünfeld
Burghaun
Geisa
Rasdorf
Dermbach
Tann (Rhön)
Kaltennordheim
Kaltenwestheim
Naturpark
Biosphären-
reservat
Hessische
Rhön
Rockenstuhl
Nüsttal
Hofbieber
Hilders
Fulda
Petersberg
Künzell
Dipperz
Eichenzell
Poppenhausen (Wasserkuppe)
Wasserkuppe
Ebersburg
Gersfeld (Rhön)
Ehrenberg (Rhön)
Fladungen
Bischofsheim an der Rhön
Oberelsbach
Motten
Wildflecken
Sandberg
Riedenberg
Bad Brückenau
Schönau an der Brend
Bad Bocklet
Sinntal
Bayerische
Rhön
Naturpark
Lange Rhön
Deutsche Alleenstraße
Hochrhönstraße
Erlebnisstr. der deutschen Einheit
Maßstab 1:175.000
2,5 km

Infos

Der Viehabtrieb ist alljährlich Simmershausens großes Ereignis

HOFBIEBER 1

Die Geschichte dieser weitläufigen Gemeinde begann mit den Kelten und deren Besiedlung der Milseburg; ›Perle der Rhön‹ wird dieser markante Berg genannt. Im Künstlerdorf Kleinsassen, in den 1920er-Jahren als Malerkolonie bekannt geworden, endet die ›Kunststraße der Rhön‹; das ganze Dorf ist geprägt von Kreativität und Einfallsreichtum, Traditionellem und Modernem.

Sehenswert: Der Baumeister des Fuldaer Doms hat im 18. Jh. den Fuldaer Fürstäbten bei Langenbieber eine Sommerresidenz gebaut; **Schloss Bieberstein** beherbergt heute eine Privatschule.

Museen: Einem außergewöhnlichen Gebiet hat sich das **Pfundsmuseum** verschrieben – ums Messen und Wiegen drehen und bewegen sich die Exponate. Geschichtliches und Hintergründe werden erläutert, Funktionsweisen können selbst ausprobiert werden (Julius-von-Kreyfelt-Straße 1, Kleinsassen; April–Okt. Mi. 14.00–18.00, So. 10.00 bis 18.00 Uhr). In der **Kunststation Kleinsassen** sind wechselnde Ausstellungen und auch Künstler bei der Arbeit zu sehen (Di.–So. 14.00–18.00 Uhr).

Veranstaltung: In der 2. Aug.-Woche findet in Kleinsassen die **Kunstwoche** statt. In Häusern, Scheunen, Ställen, Ateliers und auf der Straße werden Gemälde und Kunsthandwerk angeboten.

Aktivitäten: Eine sinnliche Erfahrung der besonderen Art ermöglicht der **Barfuß-Erlebnispfad** in Hofbieber – rau, wackelig und matschig kann auch wohltuend sein (www.barfusserlebnispfad.de; April–Okt. 9.00 Uhr bis Sonnenuntergang). Der **Golfplatz** westl. Hofbieber bietet neben Sport ein schönes Rhönpanorama (Golf-Club Rhön Fulda, Tel. 06657/1334, www.golfclub-fulda.de).

TOP ZIEL Wanderziel ist die **Milseburg** (645 m) mit grandiosem Ausblick und Informationen über die ersten Bewohner auf Schautafeln. Vom Stadtrand Fuldas (Götzenhof) bis Hilders verläuft der Milseburg-Radweg (27 km), der auf halber Strecke den Berg in einem gut 1 km langen alten Eisenbahntunnel unterquert.

ⓘ Tourist-Information, Schulweg 5, Tel. 06657/98720, Fax 06657/919007, www.hofbieber.de

HILDERS 2

Der Luftkurort im Ulstertal wurde 1973 zum ›schönsten Dorf‹ Hessens gekürt. Das 915 erstmals genannte Dorf war über Jahrhunderte Besitz des Hochstifts Würzburg.

Sehenswert: Die spätbarocke **Kirche St. Bartholomäus** besitzt eine reiche Ausstattung (1793–1796). Im Ortsteil Batten steht die **Pfarrkirche St. Johannes der Täufer**; das barocke Prunkstück (1737–1741) wurde vom Fuldaer Hofbaumeister Gallasini entworfen. Die Ruine der **Auersburg** (1525 zerstört), ehem. Würzburger Amtssitz, ist einen nostalgischen Spaziergang wert und bietet von einem Eckturm aus einen schönen Ausblick auf die westlich der Ulster gelegenen Berge.

Museen: Im alten Bahnhof Milseburg südl. dieses Berges befindet sich das **Rhöner Honigkuchen- und Wachsmuseum**; in der Museumswerkstatt bekommt man Einblick in die Arbeitsweise (Hilders-Oberbernhards; Mi.–Sa. 10.00–12.00 und 13.00–18.00, So. 10.00–18.00 Uhr, Galerie-Café). Das **Mühlenmuseum** in der Heckenmühle im Ortsteil Simmershausen öffnet nach Vereinbarung (Tel. 06681/500).

Einst ein Hinweis für Fuhrwerke – bei Hilders

Veranstaltung: Ende Sept. wird im Ortsteil Simmershausen der **Rhöner Viehabtrieb**, das Heimholen der Tiere von Weiden am Buchschirm, zum großen Ereignis; die geschmückte Herde wird im Dorf empfangen und zünftig gefeiert.

Aktivitäten: Das **Freizeitbad Ulsterwelle** ist eine moderne Badelandschaft mit Saunabereich (www.ulsterwelle.de; tgl. 10.00 bis 22.00 Uhr). Drei **Lehrpfade** bietet die Gemeinde: An der Ulster liegt der Fisch- und Gewässerlehrpfad (3 km), der die Lebewesen in ›einem der wertvollsten Flüsse Europas‹ behandelt. Der Naturpfad Auersberg (2 km)

SPECIAL

Alte Landschaftspfleger

Der Gründung des Biosphärenreservates 1991 hat das Rhönschaf seine Renaissance zu verdanken. Mitte der 1980er-Jahre gab es nur noch wenige Tiere dieser früher in der Rhön weit verbreiteten Rasse. Fleischversorgung, Wolle für die kalten Winter und eine gute Eignung für das raue Klima hatten dafür gesorgt, dass sie zum festen Bestandteil im Leben vergangener Jahrhunderte geworden waren. Genossenschaftliche Schäfer führten die Tiere über die Hüteflächen der Gegend. Doch der Vormarsch synthetischer Gewebe und das wachsende Fleischangebot ließen die Herden nach und nach schwinden. Heute bekommt das traditionelle Erfolgsgeheimnis des Nebeneinanders von Landwirtschaft und Natur wieder zukunftsweisende Bedeutung. Das Vertrauen in eine der schönsten deutschen Schafsrassen als unverzichtbarer Partner in der Pflege der Kulturlandschaft des Biosphärenreservates Rhön bewährt sich. Beweidung hält die Flächen offen und harmoniert mit dem Erhalt seltener Pflanzen. Wer die schmalen, dunklen Charakterköpfe mit ihren hellen Beinen näher kennen lernen möchte, kann den Wanderschäfer Dieter Weckbach in Wüstensachsen einen Vormittag begleiten (Tel. 06683/291).

SPECIAL

Das grau-schwarze Parkett

Raumgreifend in manch düsteren Winkel der Natur gesetzt, ragen die ineinander eingepassten geometrischen Körper gen Himmel: Basalt, dem Rhöngänger häufig begegnend, tritt an einigen Stellen in sechseckigen Säulen, meist senkrecht ausgerichtet, auf. Das junge Ergussgestein gestaltete beim Abkühlen und Schrumpfen die kristallförmigen Säulen. Sie bilden gleichsam zu Stein gewordene Vulkanknospen: Säulenbasalt ist eine kunstvolle Laune der Natur. Eine rare Schönheit für den Wanderer und anregend für so manchen Künstler wie zum Beispiel Joseph Beuys, der in der Documenta-Stadt Kassel 7000 Eichen und andere Bäume mit jeweils einer Säule Basalt daneben pflanzte.

wurde 1970 errichtet und beschäftigt sich mit der Rolle des Menschen in der Natur. 3 km lang ist der Vogelkundepfad Ritterschlucht; eine günstige Parkmöglichkeit besteht an der Reithalle. Für den **Wintersport** stehen am Buchschirm ein Schlepplift und eine Rodelbahn und Richtung Frankenheim die Loipe Rhönwald zur Verfügung. Einen Panoramablick auf Maulkuppe, Stellberg und Milseburg bietet die Terrasse der **Enzianhütte**; der urige Bau des Deutschen Alpenvereins am Hang des Fuchsküppels bei Dietges ist Wanderziel und verspricht eine stimmungsvolle Rast mit Hüttengerichten und Übernachtungsmöglichkeiten (Tel. 06658/319).

ⓘ Tourist-Information, Schulstraße 2, 36115 Hilders, Tel. 06681/960815, Fax 06681/960825, www.hilders.de

Ehrenberg-Wüstensachsen ③

Zwischen Schafstein und Stirnberg, Heidelstein und Ehrenberg, allesamt über 800 m hoch, liegt im Tal der Ulster Wüstensachsen, Hauptort der Gemeinde Ehrenberg.

Museum: Das **FCN-Firmenmuseum** in Seiferts (nördl.) beschäftigt sich mit der Geschichte des Steinhandels und der Steinproduktion, streift auch Historisches und Erdgeschichtliches und bietet Exponate vom Kristall bis zu Saurierspuren (www. nuedling.de; Sommerhalbjahr 1. So. im Monat 11.00–17.00 Uhr).

Aktivitäten: Die Lage der Gemeinde eröffnet viele **Wintersportmöglichkeiten**. Die Skigebiete Kesselrain und Wasserkuppe besitzen Lifte und teilweise Flutlichtanlagen. Die Loipen Rotes Moor und Schwarzbach beginnen am Ortsrand. Zu jeder Jahreszeit kann man Ausfahrten mit der Pferdekutsche genießen (Reinhold Bihn, Tel. 06683/388).

TOP ZIEL Im Umfeld der Gemeinde liegen mit **Rotem und Schwarzem Moor** (s. Special) interessante **Wanderziele**.

Einkaufen: Produkte aus Äpfeln von Rhöner Streuobstwiesen, Apfelwein, aber auch Spezialitäten wie Apfelsherry, bietet die **Schaukelterei** des ›Schafhotels Krone‹ (36115 Ehrenberg-Seiferts, Tel. 06683/96340, www.rhoenerlebnis.de) an.

ⓘ Tourist-Information Ehrenberg, Luftkurort Wüstensachsen, Georg-Meilinger-Straße 3, 36115 Ehrenberg, Tel. 06683/960116, www.ehrenberg-rhoen.de

Gersfeld ④

›Heimliche Hauptstadt der Rhön‹ nennt sich der 944 erstmals erwähnte Ort im Herzen der Hohen Rhön. 300 Jahre lang befand sie sich im Besitz der Herren von Ebersberg. Später ereilte sie das für viele Besitzungen der Region typische Schicksal: ab 1806 bayerisch und ab 1866 preußisch-hessisch. 1888 nahm die Eisenbahn nach Fulda ihren Betrieb auf. 1876 wurde hier der Rhönklub gegründet, 1950 der Luftsportverein Deutscher Aero-Club. Gersfeld ist anerkannter Luftkurort und Kneippheilbad.

Sehenswert: Ein Rundgang durch die Stadt vermittelt ihr einladendes und beschauliches Flair. Drei **Schlösser** befinden sich im Schlossbezirk (um 1490 bzw. um 1605); das jüngste, schöne Barockschloss von 1740 kann nicht besichtigt werden (Privatbesitz). Dafür lädt der **Schlosspark** zu Spaziergängen ein. An seinem oberen Ende befindet sich eine Parkvilla, in der sich heute die Kurklinik befindet. Die evangelische **Pfarrkirche** ist ein bedeutender Rokokobau; vieles an ihrem Erscheinungsbild stammt noch aus der Bauzeit (1780–1785).

Museum: Das **Deutsche Segelflugmuseum** auf der Wasserkuppe vermittelt einen Einblick in die Welt des Segelfliegens (www.segelflugmuseum.de; April–Okt. tgl. 9.00–17.00, sonst tgl. 10.00–16.30 Uhr).

Der ›Horcher‹ auf der Wasserkuppe

TIPP

Die Rhöner Schafsnase …

… und andere alte Apfelsorten aus der Rhön bemüht sich die Rhöner Apfelinitiative wieder ›salonfähig‹ zu machen. Keltereien, Obstbauern und Naturschützer haben sich zusammengeschlossen, um Streuobstbestände zu erhalten und erweitern. Streuobstwiesen haben ihren Namen nicht ob der Tatsache, dass die Bäume ihre Äpfel auf die Wiese streuen, sondern weil das dort gewonnene Heu nur als Untergrund in die Ställe gestreut werden kann. Pro Jahr sollen 1000 Bäume nachgepflanzt werden und damit die alte Kulturlandschaft bewahrt und Lebensraum für gefährdete Tiere wie den Steinkauz geschaffen werden. Dabei werden unter anderen so klangvolle Sorten wie der Rosenapfel, die Rote Sternrenette, Kardinal Bea oder der Winterglockenapfel bevorzugt (Infos: Rhöner Apfelinitiative e. V., Eisenacher Straße 24, 36115 Ehrenberg-Seiferts, www.rhoenapfel.de).

Aktivitäten: Der **Wildpark Gersfeld** vermittelt fast den Eindruck freier Wildbahn; in weitläufigen Gehegen lassen sich Steinböcke, Damwild, Mufflons und andere heimische Arten beobachten (tgl. 9.00–18.00 Uhr, im Winter 10.00–16.00 Uhr). Erholung und Abwechslung verspricht das **Wellnessbad Kaskade** (Mo.–Sa. 9.30–22.30, So. und Fei. 9.00 bis 22.00 Uhr).

Wer der Wasserkuppe als dem ›Berg der Segelflieger‹ die Ehre wörtlich erweisen will, kann bei der Deutschen Segelflugschule **Rundflüge** mit und ohne Motor buchen oder das **Fliegen erlernen** (Wasserkuppe 9–11,

Infos

36129 Gersfeld, Tel. 06654/364, Fax 06654/8192, www.segelflugschule-wasserkuppe.de). Abenteuerlustigere wenden sich an die **Drachen- und Gleitschirmflugschule** Wasserkuppe (Wasserkuppe 46, 36129 Gersfeld, Tel. 06654/7548, Fax 06654/8296, www.wasserkuppe.com).

Neben den Wandermöglichkeiten ist die gesamte Hochrhön auch **Wintersportgebiet**. In Gersfelds unmittelbarer Umgebung liegen die Skigebiete Simmelsberg und Wasserkuppe. Loipen sind auf und unterhalb der Wasserkuppe und um das Rote Moor vorhanden.

ⓘ Tourist-Information, Brückenstraße 1, 36129 Gersfeld/Rhön, Tel. 06654/1780, Fax 06654/1788, www.gersfeld-rhoen.de

Poppenhausen 5

Im Talkessel zwischen Wasserkuppenmassiv, Wachtküppel und Ebersburg gelegen, verbindet die Großgemeinde Naturerleben mit einem einzigartigen Panorama. Zurückgehend auf das 9. Jh., wurde der Ort 1327 im Zusammenhang mit einer großen Burg genannt, die aber bereits 1459 wieder zerstört war. Die Herren von Ebersberg bestimmten lange das Schicksal von Poppenhausen; die Ruine der Ebersburg entwickelte sich schon im Zeitalter der Romantik, Mitte des 19. Jh., zum beliebten Ausflugsziel.

Museen: In Sieblos (3 km nordöstl.) wurde früher Braunkohle-Bergbau betrieben; die fossilen Funde aus dem Abraummaterial genießen wissenschaftliches Interesse und sind im **Sieblos-Museum** im Rathaus von Poppenhausen zugänglich (Mo.–Do. 8.00–16.30, Fr. 8.00 bis 15.00, Sa. 9.00–11.00 Uhr).

Aktivitäten: Die **Poppehuiser Bauernrunde** ist ein weit verzweigter Rad- oder auch Fußrundweg zum Thema Landwirtschaft mit Schautafeln und Möglichkeiten von Hofbesichtigungen über Brotbacken, Tierestreicheln bis zum Übernachten im Heu (Infos bei der Tourist-Information). Neben der Ruine Ebersburg unterhalb des Ebersberges (689 m; südw.) ist auch der Wachtküppel eine **Wanderung** wert; der Aufstieg zum 706 m hohen Basaltkegel ist kurz und wird mit einem herrlichen Rundblick belohnt. Für Freunde der Trendsportart **Nordic Walking** sind drei unterschiedlich lange Strecken ausgeschildert; es werden Kurse und geführte Touren angeboten. Als Hessens schönster ›**Klettergarten**‹ ist die Steinwand Insidern bekannt (3 km nördl.). Routen jeden Schwierigkeitsgrades sind an dem bis zu 25 m hohen Phonolithfelsen (Klingstein) ausgewiesen; bei schlechtem Wetter steht in Poppenhausen eine Kletterhalle zur Verfügung (Georgstraße 23, 36163 Poppenhausen, Tel. 06658/275, www.bergsportschule-rhoen.de).

Ein besonderes Erlebnis, von einigen Stunden Dauer bis zu mehreren Tagen, ist eine **Wanderung** mit Rhönlamas – geführt und ohne Gepäck (Familie Johannes Nüdling, Ludwig-Nüdling-Weg 16, 36163 Poppenhausen, Tel. 06658/1600, Fax 06658/ 918819, www.rhoen lamas.de).

ⓘ Tourist-Information, Von-Steinrück-Platz 1, 36163 Poppenhausen/Wasserkuppe, Tel. 06658/960013, Fax 06658/960022, www.poppenhausen-wasserkuppe.de

SPECIAL

Meere aus Vulkangestein

Blockmeere sind ein typisches Element des Landschaftsbildes. Zur Zeit der Vulkantätigkeit bildeten sich mächtige Basaltlager. Das weichere Gestein darunter verwitterte, und die dicke Schicht der Basaltbrocken brach nach und nach ab, ›strömte‹ als Halde talwärts und vermittelt heute eine größere Verbreitung vulkanischen Gesteins, als dies tatsächlich der Fall ist. Je nach Mächtigkeit des Lagers wusch die Feinerde aus, und es entstanden freie Flächen als Lebensraum seltener Flechten und Moose. Oder es sammelte sich in weniger dicken Blockhalden Humus, und tiefer wurzelnde Bäume konnten den Standort in Besitz nehmen. So entstanden die Blockschuttwälder, vornehmlich aus Buchen, aber auch aus Sommerlinde, Bergulme und Eberesche. Sie schaffen eine äußerst schützenswerte Pflanzen- und Tiergesellschaft mit beispielsweise Baummarder und Dachs. Mittelalterliche Rodungsversuche – für Holzkohle zur Glasherstellung und Eisenverhüttung – überstanden diese Wälder aufgrund ihrer Unzugänglichkeit und der meist steilen Lage.

TIPP

Rotes und Schwarzes Moor

Modrige Nebelschwaden hängen über den grün-braunen Moosen und zwischen den vereinzelt stehenden Birken. Unheimlich bleiben die Geräusche des eigenen Atems und das Rascheln der Kleidung in der feuchten Enge gefangen. Unsicher geht der Schritt auf dem nachgebenden Untergrund, glucksend das Wasser, das den Fußabdruck füllt ... Solche oder ähnliche Vorstellungen verbinden wir mit Mooren, Mystisches haftet ihnen an. Ihre besondere Stimmung kann man gut in den beiden größten Hochmooren der Rhön erfahren. Östl. Gersfeld liegt das Rote Moor. Seit dem 19. Jh. wurde es durch Abtorfung stark beeinträchtigt; in den letzten Jahren wird sich intensiv um die Regeneration bemüht – u. a. durch Aufstauen von Nässe. Das Schwarze Moor nordöstl. Ehrenberg ist über 10 000 Jahre alt und eines der letzten weitgehend unberührten Hochmoore in Mitteleuropa. Durch beide Naturschutzgebiete führen Bohlenwege und Schautafeln; mit offenen Augen kann man den fleischfressenden Sonnentau und mit viel Glück balzende Birkhähne erblicken (Infos: www.biosphaeren reservat-rhoen.de).

Landschaftsidyll im Roten Moor

TIPP

Unterwegs im Hochrhönbus

Für Wanderer und Radfahrer existiert ein attraktiver Transferservice in der Hochrhön. Zum Ausgangspunkt der geplanten Tour oder vom Ziel zurück bringt der Hochrhönbus die Urlauber; ebenso werden Touren vorgeschlagen. Eine ökologisch wie organisatorisch sinnvolle Einrichtung von Mai bis Sept. (Strecken- und Fahrplan sowie Broschüre unter www. hochrhoenbus.de oder Tourist-Informationen der Rhön, OVF GmbH, 97606 Bad Neustadt an der Saale).

(aus Fernsehen 2/2007 Biobauernhof Gensler (mit Bioladen)

CVP
PRINZ
Adi

Pulsierend und voller Geschichte

Wie ein Streifzug durch die Vergangenheit kann der Mittelpunkt Osthessens wirken. Gemütlich lässt sich durch die beschaulichen Fußgängerzonen und über die belebten Plätze bummeln, vor wunderschöner Kulisse. Schaut man genauer hin, erzählen die Gebäude und Anlagen Geschichte und Geschichten, geben kleine Anekdoten und bedeutende Historie preis, greifbare Entwicklung von den einfachen Wurzeln deutschen Christentums über prachtvolles Leben im Barock bis zur modernen Metropole. Eine Stadt mit Herz im Herzen Deutschlands.

Fulda ist katholisch – überschäumend wird hier der Karneval gefeiert.

◄ *Hauptaltar des Fuldaer Doms*

▼ In der Bonifatiusgruft ▲ Fuldas barocke Stadtpfarrkirche ▼ Barocker Christus im Dom

Im Jahr 743: Bonifatius, Mönch, Bischof und päpstlicher Legat für das gesamte Karolingerreich, schickte vom Kloster Hersfeld aus seinen Schüler Sturmius, um eine Schenkung des ostfränkischen Herrschers in Besitz zu nehmen. Der wüst gewordene Königshof sollte einer Klostergründung als Basis dienen. Sturmius nutzte alte Fernstraßen, die die Gegend durchziehen. Sie führten auf den Rücken der Höhenzüge entlang, um Steigungen und Gefälle und die Schwierigkeiten, die feuchte und sumpfige Niederungen für Reisende mit sich bringen, zu verringern.

Schon in frühgeschichtlicher Zeit scheinen dieselben Wege begangen worden zu sein, finden sich doch neben Bergsätteln alte Hügelgräber oder Ringwälle. Anders sind auch die regen Handelsverbindungen der frühen Rhönbewohner mit fernen Gegenden, durch zahlreiche Funde belegt, nicht zu erklären. Herrscher nutzten die für die damalige Zeit schnellen Verbindungen für ihre Truppen und als Einnahmequelle für Zölle.

Beim zweiten Versuch fand Sturmius das überlassene Gelände, schuf damit die Grundlage Fuldas. Er beging dabei Antsanvia und Ortesweg, alte, inzwischen erforschte und nachvollziehbare Höhen-Fernwege von Mainz nach Thüringen und vom Grabfeld zum Taufstein im Vogelsberg. Der Ortesweg streifte Fulda im Süden in Bronnzell und westlich in Kämmerzell. Nimmt man einmal die Eile aus der eigenen Reise, sind Spuren dieser Straßen noch heute zu entdecken: gepflasterte Wegstrecken, alte Brücken oder eingefahrene Wegerinnen im Wald.

Wegbereiter deutscher Sprache

Nach dem Märtyrertod von Bonifatius erfuhr das Kloster Fulda einen raschen Aufstieg. Privilegien von Staat und Kirche, Überlassungen von Besitztümern, um das eigene Seelenheil zu fördern, und ein großer Pilgerstrom zur Grabstätte des Heiligen begünstigten die Entwicklung. Doch unterstützt wurde sie auch durch intellektuelles und künstlerisches Engagement der Äbte. Fuldas Klosterschule entwickelte sich zum Magnet für Gelehrte. Werkstätten für

▲ Open-Air vor dem Dom: Blick aus dem Luftschiff

▼ Mahnt Gläubigkeit an: Bonifatius – hier als Denkmal in Fulda

▼ Ein Angebot, dem man kaum widerstehen kann

Blick vom Fuldaer Dom auf Stadtschloss und Stadtpfarrkirche

Wie alles in Fulda, ist auch das Nachtleben im ›Bermuda-Dreieck‹ eher gemütlich

filigrane Schnitzereien, eine Gold- und Silberschmiede und eine bedeutende Malschule, die ihre Blüte im 10. und 11. Jahrhundert erreichte, konnte das Kloster vorweisen. Die Schule pflegte statt des üblichen Lateins die deutsche Sprache, das damalige Althochdeutsch. Dadurch blieb das älteste deutsche Heldengedicht, das Hildebrandslied, der Nachwelt erhalten. Aber auch Erinnerungen an Germanentum und antike Schriftsteller wurden bewahrt. Eine wertvolle Bibliothek mit über 2000 Handschriften wurde geschaffen. Die Leistungen Fuldaer Gelehrsamkeit sind in der deutschen Sprachgeschichte fest verankert.

SPECIAL

Bonifatius auf allen Wegen

Zum 1250. Todestag von Bonifatius 2004 entstanden vielfältige Ideen, Veröffentlichungen und Veranstaltungen in den Orten, die sich dem berühmten Wegbereiter eines christlichen Europa verbunden fühlen. Am Schlosstheater in Fulda wurde ein Bonifatiusmusical inszeniert, das über das Gedenkjahr hinaus aufgeführt wird. Von Exeter im Südwesten Englands, wo er mit sieben Jahren in ein Kloster eintrat, über Frankreich, Belgien, Holland und Deutschland bis nach Österreich und Italien lässt sich auf den Spuren des Benediktiners Wynfreth reisen, der in Rom von Papst Gregor II. den Namen Bonifatius erhielt und zum Missionsbischof geweiht wurde. Seine größte Leistung war die Festigung des christlichen Glaubens im fränkischen Herrschaftsbereich und die Organisation der dortigen Kirchenstruktur. 80-jährig brach der mittlerweile in Kirche und Reich einflusslose Erzbischof von Mainz noch einmal zu einer Missionsreise auf – gen Norden nach Friesland. Auf ihr wurde der ›Apostel der Deutschen‹ nahe Dokkum aus Habgier erschlagen. Ein Schiff brachte seinen Leichnam nach Mainz zurück; begraben wurde er schließlich in Fulda.

Ins Licht gerückt

Die bürgerliche Stadt Fulda führte dagegen lange ein Schattendasein am Rande der Abtei. Das Gemeinwesen aus Hilfskräften, Handwerkern und Händlern lebte vom Licht und Glanz, den das Kloster abstrahlte, und von seinen anfallenden

▼ Die Floravase vor Fuldas Orangerie ▲ Einmal über die Stränge: Rosenmontag in Fulda ▼ Zu barocker Selbstdarstellung gehörten Park und Orangerie

▼ Ausgelassen zieht der Rosenmontagszug durch die Stadt

▲ Im Umfeld des Universitätsplatzes breitet sich Fuldas Fußgängerzone aus

Arbeiten und Aufgaben. Erst mit der nachlassenden Rolle des religiösen Zentrums kam es zu ersten städtischen Errungenschaften, beispielsweise der Stadtbefestigung Mitte des 12. Jahrhunderts.

Anhand der Rathäuser der Stadt lässt sich der Werdegang nachvollziehen. Das Alte Rathaus erstrahlt in zentraler Lage zwischen Plätzen und Fußgängerzonen der Stadt. Teile des Gebäudes stammen wohl schon aus dem 14. Jahrhundert; das heute so markante Fachwerk entstand 1531. Was von der Nutzung des Gebäudes bekannt ist, beflügelt die Vorstellungen über das Leben in damaliger Zeit. Das Erdgeschoss, als offene Halle gebaut, diente dem Handel, als Versammlungsort und als Unterstellplatz für das städtische Geschütz. Im ersten Stock befand sich ein Tanzboden. Im südlichen Gebäudeteil waren die städtische Garküche, ein Schweinestall und Schulräume untergebracht. Über dem ehemaligen Haupteingang ist auf einem Steinrelief mit der Jahreszahl 1563 eine abgehackte Hand zu entdecken, die an die Gerichtsbarkeit der Verwaltung mahnt.

1782 zog die Stadtverwaltung einige Meter weiter in das Barockpalais des fürstlichen Kanzlers und überließ das alte Gebäude dem Schicksal als Lagerraum für Feuerlöschgeräte, Baumaterialien und Waren. In diese Zeit fiel die Säkularisation, das Ende des Fürstbistums, und die Stadt wechselte mehrmals die Landesherrschaft. Mit der neuen Machtverteilung sank die Bedeutung der Stadt. Klein und beschaulich wie das Kanzlerpalais, fristete Fulda ein Dasein am Rand politischen und gesellschaftlichen Geschehens. Nur langsam entwickelte sich das regionale Zentrum.

Heute residiert die Stadtverwaltung hochherrschaftlich im Stadtschloss. Groß sind ihre Aufgaben geworden. Fulda ist in die Mitte Deutschlands gerückt, seine Ausdehnung reicht weit ins Umland. In der Stadt ist Lebhaftigkeit zu spüren, gesellschaftlich und kulturell. Die Straßen zeichnen ein lebendiges modernes Bild vor altehrwürdiger Kulisse.

Die fünfte Jahreszeit

Besonders deutlich wird Fuldas Lebensfreude in der Faschingszeit. Von November bis Februar bestimmt der Karneval das

▲ Beim Gartenfest stehen die Pflanzen im Mittelpunkt

▲ Rosenpracht im Garten von Schloss Fasanerie

▲ Passendes Outfit ist wichtig

▼ Das Gartenfest im Schloss Fasanerie bietet überraschende Momente

▼ *Kindliche Perspektiven auch für Erwachsene – im Schlosspark*

gesellschaftliche Leben der Stadt. Allenthalben treten Prinzenpaar und Funkenmariechen auf. Keine öffentliche Einrichtung lässt es sich nehmen, die Vertreter der Narretei zu hofieren. Die Ehrenämter der ›Foaset‹ sind heiß begehrt, ihre Vergabe oft ein heikles Unterfangen. Mancher zehrt sein Leben lang von dieser Gunst oder wartet ebenso lang, auf diese Weise gesellschaftlich geadelt zu werden. Und dann der Rosenmontagsumzug der hessischen Karnevalshochburg – fünf Kilometer ist er lang, bewegt mehrere Tausend Aktive und Zehntausende Schaulustiger. In den letzten Jahren verfolgten mehr Besucher das Spektakel, als die Stadt Einwohner hat.

Die Fuldaer ›Foaset‹ blickt auf eine lange Tradition zurück. Ihre Wurzeln werden in den Heimatfesten des 15. Jahrhunderts gesehen. Die Gelegenheit, sich als Narr zu geben und dabei humorvoll eigentlich verbotene Dinge zu sagen, wurde allerdings erst ab 1825 dokumentiert. Den ersten Karnevalsverein gründeten die Fuldaer 1880, und das Spektakel in seiner heutigen Form entwickelte sich in der zweiten Hälfte des vergangenen Jahrhunderts.

Im Zeichen der Lilie

Ein weiteres Fest, das gut zu Fulda passt – und Lebensfreude, diesmal barocke, widerspiegelt –, ist das Gartenfest in der ehemaligen Sommerresidenz der Fürstäbte, Schloss Fasanerie. Am ersten Wochenende im Juni dient das ›schönste Barockschloss Hessens‹ mit seinen weitläufigen Anlagen dazu, kultiviert zu flanieren, interessante Neuerungen rund um die Gartenanlage kennen zu lernen oder einfach ein Stück für den eigenen Garten zu erwerben.

Gartenkultur gehört in Fulda zur Geschichte. Die Lilie ist dafür Sinnbild. Zwölf Lilien trägt das Wappen des Erbauers von Schloss Fasanerie, Adolph von Dalberg, Fuldas Stadtwappen drei weiße. Die berühmte Florastatue vor der Orangerie im Schlosspark streckt ebenfalls eine Lilie gen Himmel. Der ehemalige Residenzgarten verdeutlicht anschaulich das Zusammenspiel von Gartenkultur und

▲ Fachwerkblick vom Schlitzer Hinterturm

▲ Zum Schlitzerländer Trachten- und Heimatfest gehören Spielmannszug, ... ▼ ... brave Feuerwehrleute ... ▲ ... und auch ein Hauch Exotik

▼ Begeisterung ist das Wichtigste beim Heimat- und Trachtenfest

Weltbild. Die Fürstäbte ließen Anfang des 18. Jahrhunderts einen barocken Garten anlegen. Exklusiv und Abstand haltend von der einfachen Bevölkerung, war das Lustwandeln Bevorzugten vorbehalten. In strenger Symmetrie geordnet, hatte alles seinen ihm angewiesenen Platz – wie im absolutistischen Gefüge der Gesellschaft. Und als sich die Ideen der Französischen Revolution verbreiteten, spiegelte sich das auch im Gartenbau wider. 1804 wurde ein Plan zur Umwandlung in einen Landschaftsgarten entworfen: weg von starren Formen zu einer harmonischen Einheit, Natürlichkeit statt Geometrie.

SPECIAL

Bolero in der Burgenstadt

Das kleine romantische Städtchen Schlitz präsentiert mit dem ›Burgenring‹ gern seine mittelalterliche Vergangenheit. Vorder- und Hinterburg, Schachtenburg, Ottoburg, Hallenburg und Berleburg dienten Jahrhunderte als Unterkunft. Die Bewohner von damals mussten, in Rotten eingeteilt, ihre Abschnitte der Stadtbefestigung verteidigen. Heute zeigen sich die Schlitzer bedeutend weltoffener und friedfertig. Alle zwei Jahre laden sie zum Internationalen Schlitzerländer Heimat- und Trachtenfest ein. Völkerverständigung schreiben sie sich seit 1927 dabei auf ihre Fahnen. Musik-, Tanz- und Trachtengruppen aus dem Inland, Europa, Asien und Übersee bieten vor der historischen Fachwerkkulisse ein interessant gemischtes Bild aus heimischem Brauchtum und exotischer Folklore. Traditionell sind die Gäste in Schlitzer Familien untergebracht und vergelten die freundschaftliche Aufnahme mit der Darstellung ihrer Lebensart und Kultur. So ist es nicht verwunderlich, dass das Städtchen bei diesem Höhepunkt im Veranstaltungskalender gleich dem nächsten Trachtenfest entgegenfiebert, zieht es doch Zehntausende Schaulustiger an und bringt vielfältigen Glanz in seine alten Mauern.

Wer heute das Spazieren in Fuldas Schlossgarten genießt, kann noch beides entdecken. Die Umwandlung des Gartens wurde nicht konsequent verwirklicht, und denkmalpflegerische Aspekte lassen ein interessantes Nebeneinander zu.

FULDA
Fuldaer Weg
Maberzeller-
Horaser
Frauenberg
Franziskaner Kloster
Leipziger
Kurfürsten
Magdeburger
Berliner
Mackenroth-str.
1 Max-Kolbe-Str.
2 Simpliziusstr.
3 Faustinusstr.
4 Biensackweg
5 Beatrixstr.
6 Maglianastr.
7 Am Gartenbr.
Langebrücken-
Haimbacher
Bardo-
Pauluspr.
Schloßstr.
Orangerie
Stadtschloss
Schlossgarten
Dom
Domschule
Fulda-Hbf.
Güterbf.
Petersberg.
Dalbergstr.
V.-Schildeck-S.
Künzeller
Frankfurter
Wiesenmühle
Garten-
schau-
gelände
Freibad
Feuerwehrmuseum
NEUENBERG
(zu Fulda)
Sickelser
Haderwald-
Pestalozzischule
Gummiwerke
Lutherkirche
Domgymn.
Maßstab 1:17.000
250 m
458
27
35
591
AST AT1
AST

SCHLITZ
LAUTERBACH (Hessen)
Bad Salzschlirf
Großenlüder
FULDA
Burghaun
HÜNFELD
Naturpark
Hessische
Hofbieber
Petersberg
Künzell
Dipperz
Eichenzell
Poppenhausen
Hosenfeld
Neuhof
Ebersburg
Nüsttal
Wartenberg
Rhön
Hilders
Ehrenberg
GERSFELD
Deutsche Fachwerkstraße
Deutsche Alleenstraße
Forst Fulda
Forst Mackenzell
Maßstab 1:200.000
3 km
36
52
70
13
14
15
16

Infos

Monumentale Demonstration eigener Bedeutung: Fuldas Dom

Allgemeines und Geschichte

Der Ursprung der Barockstadt am gleichnamigen Fluss wird im am 12. März 744 gegründeten Benediktinerkloster gesehen. Doch die Auen beim heutigen Fulda waren wohl schon seit der Steinzeit besiedelt, auch wenn Bonifatius in einem überlieferten Brief das Gebiet als ›Einöde von ungeheurer Weltverlassenheit‹ beschreibt. Rasch entwickelte sich das Kloster durch Schenkungen und den Pilgerstrom zum Grab des berühmten Gründers zum wohlhabenden und mächtigen Zentrum im Deutschen Reich – verstärkt durch eine weltberühmte Schreib- und Malschule (Abt Hrabanus Maurus, 822–842) und durch politische Eigenständigkeit aufgrund päpstlicher Privilegien, der Position zwischen den Bistümern Mainz und Würzburg und weltlicher Herrschaftsrechte. Bezeichnend, dass der größte Kirchbau nördlich der Alpen, die Ratgar-Basilika von 819, in Fulda stand. Auch die Michaelskirche, als Friedhofskapelle des Klosters bis 822 erbaut, stammt aus dieser Hochzeit als einflussreichem und intellektuellem Zentrum Deutschlands. 1220 wurden die aus dem Adel stammenden Äbte durch Kaiser Friedrich Barbarossa in den Stand von Fürstäbten erhoben und vereinigten dadurch kirchliche und weltliche Macht. Eine zweite Blütezeit erlebte die Stadt im 18. Jh. Fürstabt Adalbert von Schleifras ließ die Ratgar-Basilika teilweise niederreißen, um durch den Barockbaumeister Johann Dientzenhofer den heutigen Dom und Teile des Residenzschlosses zu bauen. Auch die nachfolgenden Äbte verwirklichten beeindruckende Bauten, als Baumeister machte sich vor allem Andreas Gallasini einen Namen. Die Erweiterung des Stadtschlosses, der Schlosspark, die Orangerie, das Paulustor und weitere Gebäude entstanden in der Zeit bis 1730. Adolph von Dalberg richtete in seiner Amtszeit in Fulda eine Universität ein (1734–1805), heute Theologische Fakultät, zu der das Bischöfliche Priesterseminar und 1974 die Fachhochschule kamen.

Erst nach der Säkularisierung 1802, der Aufhebung der klösterlichen Macht, konnte die bürgerliche Stadt Fulda ihren Werdegang selbst bestimmen. Mit den Preußen (1866) kam auch der Anschluss ans Eisenbahnnetz, was die industrielle Entwicklung förderte. Der Zweite Weltkrieg brachte schwere Zerstörungen aufgrund alliierter Bombardements (1943). Seit 1950 ist der Evangelische Kirchentag in der Stadt beheimatet – zusätzlich zur katholischen Deutschen Bischofskonferenz (seit 1867).

ⓘ Tourismus- und Kongressmanagement, Palais Buttlar, Bonifatiusplatz 1, 36037 Fulda, Tel. 0661/1021213, Fax 0661/1022811, www.tourismus-fulda.de und www.fulda.de

Detail des Hauptaltars in Fuldas Dom

Sehenswert

Domplatz ❶: Wahrzeichen der Stadt ist der **Dom** (1704–1712). Vom Vorplatz aus gesehen, erinnert sein Erscheinungsbild an das des Petersdomes in Rom. Die romanischen Türme der alten Basilika sind in die heutigen Türme integriert. Im Inneren der kreuzförmigen Basilika sind italienische Stuckarbeiten und Alabasterreliefs zu bewundern. In der Krypta befindet sich die Bonifatiusgruft, Ziel vieler Wallfahrer. Die **Michaelskirche** zählt zu den ältesten Kirchbauten Deutschlands; aus der Entstehungszeit ist die Krypta erhalten. Die ursprüngliche Form der Totenkapelle als Rundkirche, getragen von einer Mittelsäule,

TIPP

Am Wegesrand

Abt Hrabanus Maurus gründete 836 als eines von zwölf Nebenklöstern an der mittelalterlichen Straße von Frankfurt nach Leipzig Johannesberg ⓯. Auf dieser Straße reiste Goethe und zogen die Truppen Napoleons. Sie passiert die Kaisereiche, die an die Völkerschlacht bei Leipzig erinnert. Die später zur Propstei erhobene Ansiedlung besaß von jeher große Bedeutung, wählten die Vorsteher doch den Abt von Fulda und damit später auch den Landesherrn mit. Von Ritterfehden und Bauernkrieg heimgesucht, von Brand und Plünderung gezeichnet und stetig erweitert, lassen sich in der heutigen Anlage die Kunststile der Romanik, Gotik, Renaissance, des Barock und Klassizismus finden. Somit ist die Verbindung zur heutigen Nutzung nahe liegend: Die Propstei Johannesberg ist ein Fortbildungszentrum für Handwerk- und Denkmalpflege. Sie bietet Seminare in alten Restaurationstechniken an, erhält damit kulturelles Erbe und besitzt im ehem. Marstall Werkstätten (www.propstei-johannesberg.de).

ist im Innenraum gut erkennbar. Er ist von einem zweigeschossigen Säulengang umschlossen. Alte Malereien wurden freigelegt und der mittelalterliche Zustand versucht wieder herzustellen. Eine Besonderheit stellt die Armenbibel dar, ein kantiger Sockel mit einfachen religiösen Illustrationen, die nicht gebildeten Gläubigen biblische Geschichten näher bringen sollten. Im Dombereich befinden sich mit dem **Priesterseminar** als ältestem Barockbau Fuldas (1671), dem **Bischöflichen Palais** und der **Domdechanei** weitere bedeutende kirchliche Gebäude.

Barockviertel: Prächtig präsentiert sich die Stadt im Kunststil des frühen 18. Jh. Direkt oberhalb des Domes beginnt eine Promenade mit dem **Paulustor**. Dem Dom rechterhand liegt links der **Schlossgarten**, im 19. Jh. vom barocken Park zum englischen Landschaftsgarten umgewandelt. Er verbindet Orangerie und Stadtschloss. Das Barockpalais der **Orangerie** 2 ist ein Prunkstück deutscher Baukunst mit einem beeindruckenden Deckengemälde Emanuel Wohlhaubters. Auf der Terrasse steht mit der Floravase des Bildhauers Humbach eine der bedeutendsten Freiplastiken des deutschen Barock. Das **Stadtschloss** 3 als Zentrum des Barockviertels dient heute der Stadtverwaltung. Gleich nach dem neuen Dombau ließ der Fürstabt das Renaissanceschloss, aus der ehem. Abtsburg entstanden, zu einer hufeisenförmigen Barockanlage umbauen. Die historischen Innenräume, besonders Kaiser-, Spiegel- und Fürstensaal, zeigen Stuckverzierungen, Deckenmalereien und Fresken (Sa.–Do. 10.00–18.00, Fr. 14.00–18.00, Führungen 10.30 und 14.00 Uhr). Barocke Adelspalais umgeben die ehem. Residenz der Fürstbischöfe. Jedes für sich sehenswert, ergeben sie gemeinsam eine städtebauliche Rarität. Angesichts so viel Pracht mahnt dem Stadtschloss gegenüber das **Bonifatiusdenkmal** von 1842 in lateinischer Sprache, dass nur Gottes Wort ewig bleibt.

Altstadt: Südöstlich des Dom- und Residenzbereichs schließt sich die alte bürgerliche Stadt an. Sie war im Mittelalter von einer eigenen Mauer umgeben, die an manchen Stellen noch im Stadtbild zutage tritt – ein Rest ist der **Hexenturm** an der Kanalstraße, dessen Name seine frühere Nutzung verrät. Die **Severikirche** 9 aus dem 15. Jh. ist das einzige gotische Gotteshaus der Stadt. **St. Maria** 5 ist die Kirche des Benediktinerinnenklosters; in der Nachgotik entstanden, erfreut sie den Betrachter mit Stilelementen verschiedener Richtungen. Das **Heertor** gilt als ältestes Stadttor Deutschlands (um 1150); es wurde bei Bauarbeiten in den letzten Jahren komplett angehoben und wieder an seinen angestammten Platz gestellt. Der **Universitätsplatz** 6 ist einer der zentralen Plätze der Stadt. Hier steht die alte **Universität** mit ihrer Aula, deren Innengestaltung mit Deckengemälden und Stuckarbeiten sehr feierlich wirkt. Heute belebt eine Schule das Gebäude. Am Borgiasplatz bestimmt das **Alte Rathaus** 8 das Bild, ein Fachwerkbau, der in seiner heutigen Form aus dem 16. Jh. stammt. Gleich gegenüber befindet sich der letzte Bau des Barockbooms, die **Stadtpfarrkirche** 8, 1788 vollendet; sie integriert Bauteile der gotischen Vorgängerkirche, ist aber schon der vierte Kirchbau an derselben Stelle. Für die Fuldaer ist sie seit jeher ein Wahrzeichen der Bürgerschaft, da der ursprüngliche Bau im 10. Jh. das erste Gotteshaus in der neben dem Kloster entstandenen Stadt darstellte.

TIPP

Garten- und Lebenskraft

In der Landschaft Fuldaer Gartenkultur blüht als viel beachtetes Kleinod der Klostergarten der Benediktinerinnen der Abtei zur Heiligen Maria 5. Hinter den Klostermauern im Zentrum Fuldas versteckt sich ein naturgemäßer Zier- und Nutzgarten. Schon vor 40 Jahren begannen die Nonnen mit dem biologischen Gartenbau; ganz in der Tradition der Klöster, die das Wissen um die Naturheilkunde, die Wirkungen von Kräutern und die Kräfte, die in Pflanzen stecken, pflegten. Die Nonnen in Fulda gehören zu einem von zwei Benediktinerinnenklöstern in Europa, die ihr Wissen der Öffentlichkeit zugänglich machen. Sie bringen im Selbstverlag Broschüren heraus und betreiben einen Klosterladen mit ihren Produkten, in dem das Stöbern und Verweilen gleichermaßen Freude bereitet – er wurde übrigens 2002 mit dem Deutschen Innenarchitekturpreis ausgezeichnet (Nonnengasse 16, www.abtei-fulda.de; Mo.–Fr. 10.00–17.00 Uhr, Sa. 10.00–16.00 Uhr).

Beim Gartenfest auf Schloss Fasanerie wird auch an das leibliche Wohl gedacht

Frauenberg: Vom Dom und durch das Paulustor führt eine Allee zum **Kloster Frauenberg** 12. Ursprünglich in der Tradition Bonifatius' ein Benediktinerkloster, ist es seit 1623 den Franziskanern unterstellt. Von hier aus hat man einen guten Blick auf Stadt und Fuldatal. Ein barocker Kreuzweg führt auf den Kalvarienberg zu einer Kreuzigungsgruppe. Am Hang findet sich eine Pestsäule von 1651, die an deren Wüten 1351 und an das Ende des Dreißigjährigen Krieges erinnert.

Museen

Dommuseum 1: Die ›Schatzkammer‹ des Doms macht die Geschichte Fuldas mit seinen Kostbarkeiten lebendiger, u. a. liturgische Geräte und Gewänder, ein Abtsthron aus dem Barock und ein Gemälde von Tischbein d. Ä. Auch an die berühmte Schreibschule des Klosters wird erinnert (Domdechaneigarten; April–Okt. Di.–Sa. 10.00–17.30, So. und Fei. 12.30–17.30, sonst Di.–Sa. 10.00 bis 12.30 und 13.30–16.00, So. und Fei. 12.30–16.00 Uhr, Mitte Jan.–Febr. geschl.).

Vonderau-Museum 7: Im Jesuitenseminar untergebracht, bietet es eine naturkundliche Abteilung, Kulturgeschichtliches von der Steinzeit bis zum Fuldamobil und eine Ausstellung von Gemälden und Skulpturen heimischer Künstler (Jesuitenplatz 1, www.museum-fulda.de; Di.–So. 10.00–17.00 Uhr). Zum Museum gehört auch ein Planetarium.

Landesbibliothek 4: Hier wird Schriftkultur aus 1000 Jahren ausgestellt, unter anderem eine Gutenberg-Bibel von 1455 (Heinrich-von-Bibra-Platz 12; Mo.–Do. 9.30–17.00, Fr. 9.30–18.00 Uhr).

Kinder-Akademie 10: Wer als rotes Blutkörperchen in einem riesigen Herzen seinen Weg gehen, als Zwerg auf einem überdimensionalen gelben Stuhl sitzen oder geflüsterte Botschaften weit entfernt verstehen möchte, der ist in Deutschlands ältestem Museum für Kinder richtig. Interessantes aus Kunst, Kultur, Naturwissenschaft und Technik begreifen und ausprobieren können Kinder und Erwachsene ab drei Jahren (Kinder-Akademie Fulda, Mehlerstraße 4, www.kaf.de; Mo.–Fr. 10.00–17.30, So. 13.00–17.30 Uhr).

Infos

Deutsches Feuerwehr-Museum ⓫: Feuer fasziniert und bedroht seit Menschengedenken. Die Verbindung von beidem ist als eindrucksvolle Erlebnislandschaft in dem nationalen Museum zur Brandbekämpfung gelungen. Attraktiv und besucherfreundlich sind die Exponate arrangiert. Vom Ledereimer über die älteste fahrbare Handdruckspritze der Welt (1624) bis zum Feuerlöschboot im Freigelände zieht ein weiter Bogen der Geschichte des Löschwesens Zehntausende Besucher jährlich in seinen Bann (St.-Laurentius-Straße 3, www.feuerwehr-museen.de; Di.–So. 10.00–17.00 Uhr).

Veranstaltungen

Juni: Schloss Fasanerie bietet in jedem Jahr einen würdigen Rahmen für das **Gartenfest.** Am 1. Juni-Wochenende finden sich Anbieter und Interessierte unter einem in jedem Jahr wechselnden Thema ein, um sich über Gartenaccessoires, -pflanzen oder -gestaltung zu informieren (www.das-garten fest.de).

Juli: Weltbekannt ist das **Internationale Schlitzerländer Heimat- und Trachtenfest.** ›Friedenspolitik auf unterster Ebene‹ versprechen Trachten- und Musikgruppen aus Deutschland, Europa und Übersee (2. Juli-Wochenende in ungeraden Jahren, wieder 2007).

Sept.: An jahrhundertealte Weinbautradition in der Region um Fulda erinnert das am 1. Sept.-Wochenende stattfindende **Wein- und Stadtfest** – Fuldas historische Gemäuer geben vielerorts eine romantische Kulisse.

Weitere: Neben den Veranstaltungen im **Schlosstheater** hat die Stadt **musikalische Höhepunkte** im Schlosspark, dem Fürstensaal der Residenz, **Orgelmatineen** im Dom (Mai, Juni, Sept., Okt., Adventszeit Sa. 12.00 bis 12.30 Uhr) und an einigen So. im Aug. den Orgelsommer (16.30–17.30 Uhr) zu bieten.

Aktivitäten

Fuldaaue: Zur Landesgartenschau 1994 wurde ein Erholungsgebiet geschaffen, das von der Stadt aus bequem zu Fuß zu erreichen ist. Neben Sinnespfad, Steingarten und Umweltzentrum bieten viele Wege, Teiche und Flussarme Gelegenheit zur Bewegung, Naturbeobachtung oder müßigem Verweilen. Am Rand der Fuldaaue beherbergt die ›Wiesenmühle‹ ein Hotel und ein beliebtes Ausflugslokal. Von den Fuldaauen aus bietet Kanufahren eine attraktive Stadtansicht. Geführte kombinierte Rad- und Kanutouren veranstaltet der Ausrüstungsladen ›Auf und Davon‹ (Karlstraße 33, 36037 Fulda, Tel. 0661/76464, www. aufunddavon-online.de).

Rhön-Therme: Das Freizeitbad bietet Badevergnügen außen und innen mit breitem Zusatzangebot (Künzell-Bachrain, Harbacher Weg 166, www.rhoen-therme.de; Mo.–Sa. 10.00–23.00, So. 9.00–22.00 Uhr).

Einkaufen: Weltweit findet man Kerzen aus Fulda, manche sehen die Wiege deutscher Kerzenherstellung hier – ein typisches und auch sinnvolles Andenken. Die Firma Eika betreibt einen Werksverkauf (An Vierzehnheiligen, 36039 Fulda, Tel. 0661/83990, www.eika.de; Mo.–Fr. 6.00–18.00 Uhr).

Umgebung

Petersberg ⓭: Auch der Ursprung dieser Großgemeinde geht auf eine Klostergründung zurück. Der Abt Hrabanus Maurus ließ auf dem weithin sichtbaren Basaltkegel über Fulda bis 836 ein Benediktinerkloster errichten. Mit der Einweihung der Kirche wurden die Gebeine der hl. Lioba, einer Verwandten Bonifatius', hier beigesetzt. Einige Bauteile dieser dreischiffigen Basilika, romanische Steinreliefs, der Liobaschrein und die Krypta sind noch aus dieser Zeit erhalten. In letzterer sind die ältesten Wandmalereien Deutschlands aus karolingischer Zeit zu sehen. Der heutige Bau der **Propsteikirche St. Peter** stammt von 1479. Über Jahrhunderte entstand aus Propstei und dazugehöriger Siedlung der Ort. Von der Kirche aus kann ein Blick in viele Richtungen genossen werden.

Eichenzell ⓮: Wie so viele Orte in der Umgebung Fuldas mit dem Namensteil ›-zell‹ ist auch Eichenzell aus einer Zelle des Klosters Fulda entstanden. 927 wurde es erstmals erwähnt. Die **Eichenzeller Warte** ist einer von sieben Fuldaer Signaltürmen aus dem 13. Jh. Sie diente der Fuldaer Landwehr als Beobachtungsturm – bis heute kann man von einer Aussichtsplattform einen schönen Blick auf Rhön und Vogelsberg genießen. Das **Renaissanceschloss,** seit 1548 im heutigen Erscheinungsbild, war zeitweilig Sommerresidenz der Fuldaer Fürstäbte; vorbildlich renoviert, ist es heute Sitz der Gemeindeverwaltung. Die Fürstäbte ließen Mitte des 18. Jh. eine größere Sommerresidenz bauen – **Schloss Fasanerie** oder nach dem Fürstabt Adolph von Dalberg auch Adolphseck genannt. Schon die Anfahrt durch die lange Lindenallee, dann die Symmetrie der Gebäude, die vielen Höfe und der weitläufige Landschaftspark erzeugen ein Bild von Reichtum und Pracht vergangener Tage. Das Schloss dient der Hessischen Hausstiftung als beachtenswertes Museum mit Wohn- und Ausstattungskultur des 18. und 19 Jh., Porzellan aus Japan, China und europäischen Manufakturen sowie römischen und griechischen Kunstgegenständen zurück bis ins 6. Jh. v. Chr. Museum und Sammlungen sind einzeln oder kombiniert zu besichtigen (www.schloss-fasanerie.de; Führungen April bis Okt. Di.–So. 10.00–17.00 Uhr).

Barocker Putto im Park von Schloss Fasanerie

Freudiger Blick hinab zum Karneval

Schlitz ⓰: Im Flusstal zwischen Rhön und Vogelsberg liegt die 1200 Jahre alte Burgenstadt (Tourist-Information, An der Kirche 4, 36110 Schlitz, Tel. 06642/97060, Fax 06642/97056, www.schlitz.de). Die **Stadtkirche,** eine dreischiffige romanische Säulenbasilika, wurde 812 geweiht. Zum **Burgenring** gehören zahlreiche Gebäude, Befestigungsanlagen und Brunnen; einen guten Überblick kann man sich vom 36 m hohen Hinterturm verschaffen, im Advent größte Kerze der Welt. Das **Burgmuseum,** ein Heimatmuseum, informiert auch über die Tradition der Leinenweberei (Di.–So. 14.00–16.00 Uhr, Nov. bis März nur Sa. und So.), die auch heute noch bedeutendes Gewerbe in der Stadt ist (Werksverkauf der Fa. Langheinrich, Bahnhofstraße 40, Tel. 06642/ 870, www.langheinrich.de; Mo.–Fr. 10.00–13.00 und 14.00 bis 18.00 Uhr).

Das Tor zum Süden

Das Land der armen Leute – und Fürsten und Dichter in traditionsreichen Kurbädern. Lange unwirtliche Winter – und sonnige Weinterrassen. Kleine Bauernkaten neben wetterzerzausten Bäumen – und prunkvolle Wandelhallen in den Städten. Die Südseite der Rhön erscheint auf den ersten Blick voller Widersprüche. Doch der Eindruck täuscht. Eher als Ergänzung, als vielseitige Nuancen eines Spektrums, empfindet der Betrachter das Zusammenspiel von rauer Natur und bequemer Beschaulichkeit.

Ein Golgatha in Bayern – der Kreuzberg gilt als Frankens ›heiliger Berg‹.

▲ Bayern ist nah am Kreuzberg, ...

▼ ... das zeigt sich spätestens im Biergarten

▼ Am Kreuzberg wird auch des hl. Kilian gedacht

▼ Schon die Bierflasche ist eine Freude

▲ *Renaissance zeigt sich in Maria Bildhausen* ▼ *Bildstöcke stehen hier allerorten*

Anders als der sanfte Übergang von der sich langsam erhebenden Kuppenrhön zu den Massiven der Wasserkuppenrhön, scheinen sich die Berge der Kreuzbergrhön mächtiger zu erheben. Durch die Flusstäler von Brend und Sinn von den nördlichen und westlichen Teilen der Hohen Rhön abgetrennt, ragen die Höhen deutlicher auf. Zentrum des Naturparks Bayerische Rhön, Knotenpunkt vieler Wanderwege und Ausflugsziel von Millionen ist hier der Kreuzberg.

Heiliger Berg der Franken

Was mag irische und schottische Mönche vor über dreizehn Jahrhunderten bewogen haben, ihre Heimat zu verlassen und nach Germanien in die unzugängliche Rhön zu ziehen, um ihren Glauben unter widrigsten Umständen zu verbreiten? Die Umgebung der Stadt Tann war ein Ziel der Missionare und der Süden des Mittelgebirges. Im Jahr 686 soll der Missionsbischof Kilian auf dem Kreuzberg ein Holzkreuz errichtet und am Osthang gepredigt haben. Die höchste Erhebung des heutigen Frankenlandes diente damals wohl als Kultstätte. Der Apostel wollte ein Zeichen setzen und sorgte damit für den heutigen Namen. Wallfahrten und Pilgerreisen bereits vor 600 Jahren sind beurkundet, fanden wahrscheinlich aber schon früher statt. Denn jener Kilian, heute Würzburgs Stadtheiliger, starb wenig später den Märtyrertod – nachdem er sich zu sehr in die herzogliche Familienpolitik eingemischt hatte.

Von Pilgern und Pichlern

Ein Nachfolger von Kilian zu Zeiten der Gegenreformation, der Würzburger Bischof Julius Echter, ließ 1582 ein neues Kreuz auf dem Berg errichten. Und er übertrug dem Franziskanerorden die Betreuung der Kreuzberg-Pilger. Sie bauten zuerst eine Kapelle, später eine Wallfahrtskirche und boten den Gläubigen Unterkunft und Verpflegung. Wer den Kreuzberg selbst zu Fuß erklimmt, dem scheint die Einrichtung einer Brauerei unterhalb des Gipfels durchaus nahe liegend. Zu dieser Überzeugung, wohl aus praktischen Überlegungen, gelangten die Franziskaner 1731. Lange Zeit gaben die Mönche das stärkende Gebräu

Spiegel der Vergangenheit: …

… das Rhön-Zügle …

Mühltechnik alter Tage im Freilandmuseum von Fladungen

▲ ... unter Volldampf ▼ Das Freilandmuseum erinnert an Zeiten, als das Wasser Energie war

kostenlos an die Pilger ab, die sich mit einem kleinen oder größeren Obolus revanchierten. Doch Anfang des letzten Jahrhunderts überstieg der Missbrauch die Nettigkeit, und seither zahlt man für die Erfrischung.

SPECIAL

Wacholder

Zum typischen Landschaftsbild der Rhön gehören ausgedehnte Wacholdertriften: charakteristische Rasenhänge mit vereinzelt oder in Gruppen stehenden Säulen des Zypressengewächses, ansonsten baumfrei, das Hellgrün des Grases gepaart mit dem dunklen Blaugrün des Wacholders. Eigentlich in sandiger Heidelandschaft vertraut, gedeiht der immergrüne Juniperus auch auf basenreichen Kalkböden. Daher war sein Vorkommen in der Rhön weit verbreitet. Die Schafhaltung kam ihm zugute, da sie die Flächen von Schatten spendenden Baumkonkurrenten frei hielten. Mit dem Rückgang der Schafhaltung verringerten sich auch die Wacholderbestände. Mit der Rückbesinnung auf die Vorteile der Schafhaltung in den letzten Jahren sind auch die Chancen des Wacholders wieder gestiegen. Bis zu 2000 Jahre kann das strauchartige Gewächs alt werden und fünf Meter hoch, in seltenen Fällen auch zu noch höheren Stämmen wachsen. Die aromatischen Beeren, im ersten Jahr grün und im zweiten zu blauschwarzen Früchten gereift, sind als Speisewürze und in der Spirituosenbereitung beliebt. Aber auch in der Hausmedizin findet das aromatische Grün wegen seiner ätherischen Öle von jeher Verwendung.

Überhaupt schienen die vorhersehbaren Reibereien zwischen Krug und Kruzifix schon die Schließung der Brauerei zu bedeuten. Das seit 1692 ununterbrochen für die Gäste sorgende Kloster bemüht sich stetig, diesen Spagat zwischen singenden Wallfahrern und grölenden Biertouristen zu meistern. Zu verführerisch ist das dunkelbraune Klosterbier, würzig und süffig zugleich, weit gerühmt und mit streng geheimer Rezeptur. So wird sich weiterhin ein ›endloser Zug, die einen zur Kirche, die andern zum Krug‹ zum Gipfel aufmachen, wie der spätere Kardinal Faulhaber 1901

▲ Eine letzte Zuflucht sollte sie bieten, ... ▶ ... die Kirchenburg von Ostheim

▼ Schlichtes Glaubensbekenntnis auf freiem Feld bei Ostheim

▲ Fensterladenhalter in Ostheim

▼ Wehrhaft bis ins Detail: Tor der Kirchenburg

schrieb. Erst kurz vor dem Kloster teilt sich der Andrang, wenn es nach links, vorbei an 14 Stationen des Leidensweges Christi, die letzten Stufen hinauf zur Kreuzigungsgruppe geht – oder aber geradeaus, wo man schon die rustikalen Basaltmauern der Bergwirtschaft einladend vor sich sieht.

SPECIAL

Urlaub auf dem Teller

In schattigen Buchenwäldern der Rhön, feucht und humusreich gedeiht er – der ›Knoblauch der Germanen‹, der Bärlauch. Soll sein Geruch die Römer im Kampf mit ihren Gegnern noch verschreckt haben, erfreut sein Geschmack die heutigen Touristen. Das aus der Familie der Lauchgewächse stammende Kraut ist in der Rhön heimisch und bereichert in den letzten Jahren mehr und mehr die Rhöner Küche. Bärlauch-Pizza, Bratwürste, Spätzle, an Lamm oder Wild und sogar als Schnaps – die Variationen sind phantasievoll. Besonders im März und April, den besten Monaten der ›Hexenzwiebel‹, begegnet der Bärlauch dem Rhönbesucher – auf Kräuterwanderungen und anderen Aktivitäten. Der Name der Pflanze ist noch germanischen Ursprungs: In ihrer Vorstellung wohnte die Kraft des Bären in ihr, die sie sich mit dem üppigen Verzehr einzuverleiben glaubten.

›Ein' feste Burg ist unser Gott …‹

›… ein gute Wehr und Waffen‹. Dieses Kirchenlied, von Martin Luther 1529 gedichtet, muss für viele Bewohner der Rhön über Jahrhunderte mit der glaubensmäßigen auch eine ganz praktische Bedeutung besessen haben. Großvater und Mutter des Reformators stammten aus Bad Neustadt. Sein Vetter war dort um 1525 Pfarrer. Deshalb setzte sich sein Gedankengut früh in der Region fest.

Doch schon vorher erfüllten die Gotteshäuser in vielen Ortschaften neben ihrem eigentlichen Zweck die Funktion des Schutzes und Rückzugs für die Bevölkerung bei Gefahr. Ein besonders gut erhaltenes Beispiel dafür ist die Kirchenburg in Ostheim. Trutzig und wehrhaft steht die Festung auf dem Kirchenhügel; doch sie strahlt auch Gemütlichkeit aus. Fast von

▲ An der Fränkischen Saale bei Bad Kissingen

▼ Hoch auf …: Postkutsche von Bad Bocklet nach Bad Kissingen

▼ Einladung zum Bad Kissinger Sommer

▼ Aus großer Zeit: Kissingens Regentenbau

▲ Gemütlich, die Ausflugsfahrt auf der Saale ▼ Mit Rosenduft: Bad Kissinger Kurpark

selbst stellen sich romantische Vorstellungen ein; Bilder kommen in den Sinn, wie Menschen und Tiere – gedrängt im doppelten Mauerring, aber sicher vor dem Feind davor – beinahe alltäglichen Beschäftigungen nachgehen. Die Türme aus grobem Stein mit ihren Fachwerkaufbauten vermitteln, Herr der Lage zu sein. Am Torbogen sind noch die Steine zu erkennen, die einstmals das Fallgatter hielten. Die Auflager für einen Wehrgang blieben ebenso sichtbar. Und an der Innenseite des zweiten Mauerrings sind die Reste der Schuppen auszumachen, die das Hab und Gut der Flüchtlinge bargen.

Einzig getrübt wird der geschönte Traum, wenn man die Pfarrkirche in der Mitte der Anlage betritt. Das riesige Deckengemälde des tonnengewölbten Mittelschiffs stellt eine Szene aus der Apokalypse dar. Ein solch mahnendes Bild wünscht man den Hoffnung suchenden Belagerten nicht für die tägliche Andacht.

Zu Gast an heilenden Quellen

Vielen Reisenden begegnet die Rhön nicht in ihrer spröden Form rauer Kuppen und einfacher, zweckmäßiger Herbergen. Eine aus Tradition hochherrschaftliche Welt bietet den Rahmen ihres Kuraufenthaltes in einem der Bäder an der Fränkischen Saale.

Die mondänste Vergangenheit als Tummelplatz für Herrscher, Reiche und Geistesgrößen besitzt Bad Kissingen. Ende des 19. Jahrhunderts erblühte die Stadt zum Weltbad für gekrönte Herrscher und berühmte Dichter. Hier weilten russische Zaren, österreichische Kaiser und bayerische Könige, Europas Künstler und auch Hochstapler. Besonders gern erinnern die Kissinger bis heute an Fürst Otto von Bismarck, der zwischen 1874 und 1893 insgesamt 60 Wochen in der Saalestadt logierte. Bei seinem ersten Aufenthalt lag der bayerisch-preußische Krieg erst wenige Jahre zurück, und Ressentiments hielten sich damals länger. Immer wieder gern zitiert wird der Ausspruch des damaligen deutschen Reichskanzlers, der, nur knapp einem Attentat in Bad Kissingen entkommen, lakonisch bemerkte, der Kur diene es nicht, aber das Geschäft brächte es so mit sich.

▲ Himmelwärts in Hammelburg

▲ Aus feudalen Zeiten: Wappen an der Ruine Trimberg

▲ Auf der Fränkischen Saale lässt es sich wunderbar paddeln

▼ Die Rhön ist Biker-Land

▲ Hammelburgs Rotes Schloss ▲ Kunstvolle Schmiedearbeit zeigt das Tor von Schloss Aschach

▼ Schloss Aschach hat auch in seinem Park Kunstvolles zu bieten

Die Zeiten, in denen mit reichlich Personal und einer großen Zahl Schrankkoffer angereist wurde, sind zwar vorbei, und das Kurgeschäft ist wohl so hart wie nie zuvor. Doch die Quellen sind berühmt, ihre Wandelhallen oder Tempel sehenswert. Sieht man von den großen Klinikbauten ab, beeindruckt die alte Architektur aus weltläufigen Tagen, und das Flair zieht auch den heutigen Besucher noch leicht in seinen Bann.

SPECIAL

Rhönrad

Das kuriose Sportgerät übt seine Faszination auf der ganzen Welt aus. Spektakulär sind die künstlerischen Übungen im Rollen oder Spiraleturnen; Anmut und Athletik erfreuen den Zuschauer. Der Name der zwei durch Sprossen verbundenen Reifen führt auf die richtige Spur. In Schönau zwischen Bischofsheim und Bad Neustadt an der Saale wurde das erste Rhönrad gebaut. 1920 in einem französischen Militärgefängnis in Ludwigshafen ersonnen, verfolgte Otto Feick die Idee weiter. Von ihm wird erzählt, dass er als Kind eines Fassmachers schon in zwei Reifen den Berg hinunterrollte. So kam es 1923 zum Bau des ersten Rhönrads, es begeisterte Turner und begann seinen Siegeszug um die Welt.

›Beschirm uns' Münnerstadt‹

Deutlich grenzt sich das fruchtbare Grabfeld, eine offene Hügellandschaft im Südosten der Rhön, von den Bergen und Wäldern der Umgebung ab. Schon früh führten die Beschaffenheit und offenkundigen Reize des Grenzlandes zu Besiedlung und Nutzung – der Name Grabfeld geht aber auf ein slawisches Wort für Buche zurück. Jahrtausendealte Spuren menschlicher Aktivitäten lassen sich finden, Kupfer- und Salzgewinnung sind belegt. Später strömten Germanen in keltisches Siedlungsgebiet, Mönche versuchten die Menschen für den christlichen Glauben zu gewinnen, und später stritten die Würzburger Bischöfe mit den Grafen von Henneberg um die Vorherrschaft.

Eine der vielzähligen Rivalitäten, historisch belegt und in frommer Dichtung verklärt, führt in jedem Jahr zu einem interes-

▲ Blick durch das Münnerstädter Jörgentor

▲ Nostalgisch: der Festzug ... ▼ ... beim Münnerstädter Freilichtspiel ▲ Mit Blasmusik ... ▼ ... geht es vorbei am Münnerstädter Stadttor

▲ Die Muttergottes über dem Tor fängt die Kanonenkugel – das Wunder

santen Spektakel, von Laien aufgeführt, unter freiem Himmel auf dem Anger von Münnerstadt. Geschrieben wurde das Jahr 1641. Seit 25 Jahren zog die Kriegsgeißel durch die deutschen Lande. Schon zum zweiten Mal standen die Schweden vor den Toren der kleinen fränkischen Stadt. Vom Karlsberg aus beschossen sie Mauer und Behausungen. In ihrer Hoffnungslosigkeit suchten sie Hilfe im Gebet: ›Beschirm uns' Münnerstadt!‹, flehten sie. Plötzlich, ebenso unerwartet wie das Erscheinen der Truppen, stellten die Schweden den Beschuss ein und zogen ab. Die heilige Jungfrau Maria habe deren Kugel auf der Stadtmauer gefangen und dadurch tiefe Bestürzung unter den Feinden hervorgerufen, so die Legende.

Flair des Südens

Irgendwie erscheinen sie fremd – Weinberge am Südrand der rauen Rhön –, gewohnt an karge Berglandschaft, gezeichnet von widrigen klimatischen Bedingungen, mit knorrigen Baumrelikten, von Wind und Wetter zerzaust, und offene Matten mit freiem Blick in die Ferne. Nun reihen sich Weinstöcke in geordneten Reihen an steilen Hängen. Gemächlich windet sich der Fluss durch die liebliche Landschaft. Burgen allenthalben, Schlösser und reiche Baukunst in üppiger Natur.

So geht das ›Land der offenen Fernen‹, das abgeschiedene Wanderparadies, ins fränkische Weinland über. Der Eindruck entsteht, dass die Sonne nicht nur die Hänge, sondern auch die Lebensart erwärmt, ein fast mediterranes Flair an den Rand der Berge zaubert. Das Saaletal lädt zum gemütlichen Verbleiben ein, und beim Genuss von Silvaner, Burgunder oder Müller-Thurgau hält die Befremdung über die krasse Veränderung der Landschaft nicht lange an. Würzig gedeihen die Trauben auf dem Muschelkalkboden in der Umgebung von Hammelburg. Als älteste Weinstadt Frankens darf sich die 716 erstmals besprochene Siedlung bezeichnen. Unter dem Thema ›Brot und Wein‹ finden sich viele touristische Höhepunkte. Doch wirklich gerecht wird man dem Weinbaugebiet erst, wenn man in eine Wirtschaft einkehrt und die Früchte der Umgebung, den Frankenwein, genießt.

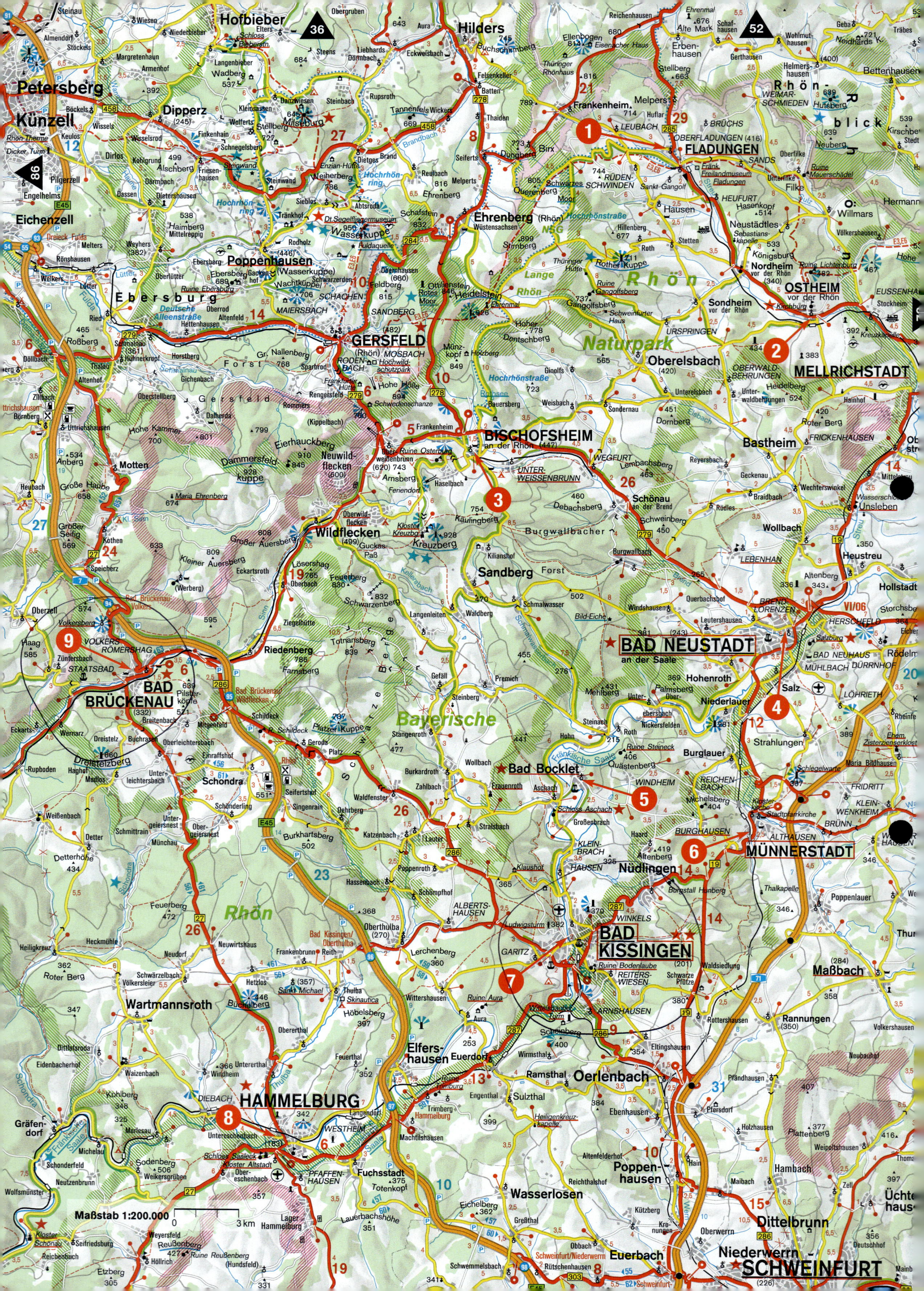
36
52
Hofbieber
Hilders
Petersberg
Künzell
Dipperz
Milseburg
Wasserkuppe
Poppenhausen
Ebersburg
Eichenzell
Gersfeld
Ehrenberg
Frankenheim
Fladungen
Ostheim
Mellrichstadt
Rhön
Naturpark
Oberelsbach
Bischofsheim
Wildflecken
Kreuzberg
Sandberg
Bastheim
Bad Neustadt an der Saale
Bad Brückenau
Hohenroth
Niederlauer
Salz
Burglauer
Bad Bocklet
Bayerische
Münnerstadt
Nüdlingen
Bad Kissingen
Schondra
Wartmannsroth
Hammelburg
Elfershausen
Euerdorf
Oerlenbach
Rannungen
Maßbach
Poppenhausen
Wasserlosen
Fuchsstadt
Dittelbrunn
Euerbach
Niederwerrn
Schweinfurt
Gräfendorf
Motten
Riedenberg
Oberthulba
Burkardroth
Maßstab 1:200.000
0
3 km
1
2
3
4
5
6
7
8
9

Infos

Frühling im Fränkischen Freilandmuseum in Fladungen

Fladungen 1

Um 1335, als Fladungen die Stadtrechte bekam, entstand die Stadtmauer mit fünf Wehrtürmen. Sie umschließt den behaglich wirkenden historischen Stadtkern der nördlichsten Stadt Bayerns mit an Schnitzereien reichen Fachwerkhäusern.

Sehenswert: Mit einer üppigen Rokokoausstattung wartet die **Stadtpfarrkirche St. Kilian** aus dem 17. Jh. auf. Einige Jahre älter ist der zweiflügelige Renaissancebau des **Amts- und Zehnthauses** (um 1525) mit mächtigen Giebeln (heute Rathaus).

Museen: Ein Flügel des Rathauses beheimatet das **Rhön-Museum**; es erzählt vom Alltagsleben der Rhönbewohner von der Bronzezeit bis in die jüngere Vergangenheit (Marktplatz 1; April–Okt. Di.–So. und Fei. 10.00 bis 17.00 Uhr). TOP ZIEL Im **Fränkischen Freilandmuseum** präsentieren acht wieder aufgebaute Hofstellen der Umgebung die bäuerliche Kultur vergangener Tage – vervollständigt durch Mühlen, Dorfwirtschaft, Kirche und Backhaus, Kräuter-, Feld- und Gartenkultur (Bahnhofstraße 19, Tel. 09778/912310, www.freilandmuseum-fladungen.de; April–Okt. Di.–So. und Fei. 9.00–18.00 Uhr).

Veranstaltungen: Im Freilandmuseum finden viele Veranstaltungen vom **Museumsfest** im Aug. mit Vorführungen alter Handwerke über Bierbrauen und Brotbacken bis zum Schulunterricht früherer Zeiten statt.

Aktivitäten: Die Museumseisenbahn **Rhön-Zügle** verkehrt von Mai bis Okt. mit Dampf- oder Diesellok zwischen Fladungen, Ostheim und Mellrichstadt (Infos: Freilandmuseum Fladungen).

ⓘ Tourist-Information, Bahnhofstraße 19, 97650 Fladungen, Tel. 09778/912325, Fax 09778/912326, www.fladungen-rhoen.de

Ostheim vor der Rhön 2

Der 804 erstmals erwähnte heutige Luftkurort scheut den Vergleich mit Rothenburg ob der Tauber nicht. Etwas abseits großer Reiserouten gelegen, prägen gut erhaltene Adelshöfe, Bürger- und Fachwerkhäuser sein mittelalterliches Flair.

Sehenswert: Einmalig in Deutschland ist die TOP ZIEL mächtige Anlage der **Kirchenburg** aus dem 15. Jh.; ihren wehrhaften Charakter unterstreichen Türme, Bastionen und das eindrucksvolle Eichentor (www.kirchenburg-ostheim.de). Inmitten eines doppelten Mauerrings steht die **Pfarrkirche St. Michael** (16./17. Jh.) mit ihren kunstvollen Steinmetzarbeiten und den Deckengemälden. Aus den Fachwerkbauten ragt das **Rathaus** von 1587 heraus.

Museum: Im **Renaissanceschloss Hanstein** (15. und 17. Jh.) befindet sich ein europaweit einzigartiges **Orgelbaumuseum**; über 600 Exponate greifen die hiesige Handwerkstradition anschaulich auf (Paulinenstraße 20; Mi.–Sa. 10.00–12.00 und 13.00–17.00, So. und Fei. 13.00–17.00 Uhr).

Veranstaltung: Im Okt. gerader Jahre findet der bekannte **Rhöner Wurstmarkt** statt (s. Tipp).

Umgebung: Vor den Toren der Stadt liegt die sagenumwobene Ruine der **Lichtenburg**; von der über 800 Jahre alten Burg, die häufig Besitzer und Herrschaftsbereich wechselte, zum Abbruch verkauft und zwecks Erhalt zurückgekauft wurde, sind Gebäudeteile und der zu begehende Bergfried erhalten. Sie wird vom Rhönklubzweigverein genutzt und ist bewirtschaftet. In **Oberelsbach** (12 km südw.) beschäftigt sich das Deutsche Tabakpfeifenmuseum in der ›Alten Schule‹ (um 1610) mit der Rauchkultur ab dem 17. Jh. (www.tabakpfeifenmuseum.de; Mi., Sa., So. und Fei. 13.00–17.00 Uhr).

ⓘ Tourist-Information, Im Schlösschen 5, 97645 Ostheim vor der Rhön, Tel. 09777/1850, Fax 09777/3245, www.ostheim.de

Bischofsheim an der Rhön 3

Am Fuß des Kreuzberges liegt der einstige würzburgische Verwaltungssitz, urspr. als ›fränkischer Rundling‹ angelegt, als ein um einen Marktplatz gruppiertes Haufendorf. Die Stadtmauer des 750 gegründeten Ortes ist im Gegensatz zu Türmen und Toren noch weitgehend erhalten. Bischofsheim besitzt neben vielen Werkstätten die älteste Holzschnitzerschule Deutschlands, eine typisch Rhöner Tradition.

Sehenswert: Wahrzeichen der Stadt ist der **Zehntturm** mit seinem Fachwerkobergeschoss; seine 26 m Höhe erlauben einen schönen Ausblick auf die Umgebung. Die Kath. **Pfarrkirche St. Georg** in Form einer Basilika stammt von 1610; benachbart das ehem. würzburgische **Amtshaus** aus dem 16. Jh. Der **Marktplatz** bietet neben fränkischer Gemütlichkeit zwei gusseiserne Brunnen von 1582. Unweit findet man auch die orthodoxe **Kapelle des hl. Nektarios**; sie wurde von Künstlern aus Russland, Griechenland und der Rhön ausgestattet.

Steinmetzarbeit in der Ostheimer Kirche

Veranstaltung: Meist Anf. Mai findet das **Internationale Ballonfestival ›Fesselnde Rhön‹** statt (Infos unter www.bizarren.de).

TIPP

Fränkischer Wurstgipfel

Im Okt. jeden geraden Jahres findet in Ostheim vor der Rhön ein kulinarisches Gipfeltreffen statt. Der Rhöner Wurstmarkt bringt die besten Metzger aus bayerischer, hessischer und thüringischer Rhön, der Partnerregion Spessart und aus dem Limousin in Frankreich zusammen. Zwei Tage lang verkosten, informieren sich und schlemmen Wurst- und Schinkenliebhaber rund um das Objekt ihrer Begierde (www.rhoener-wurstmarkt.de).

Auch sonst sind Ballonfahrten möglich (Infos: Hotel Luisenhof, Tel. 09772/1880; Marc Trum, Tel. 09772/930965).

Einkaufen: Für manche Kunsthandwerk, für andere Kitsch – doch handwerklich anspruchsvoll und typisch für die Region sind die **Holzschnitzereien**, in zahlreichen Läden und Werkstätten angeboten.

Aktivitäten: Für **Wintersport** stehen rund um Bischofsheim zahlreiche Lifte, Loipen und Winterwanderwege zur Verfügung.

Umgebung: Direkt unterhalb des Gipfels des ›heiligen Berges der Franken‹ ist das **Kloster Kreuzberg** mit seiner eigenen Brauerei, der Klosterschänke (seit 1731) und der Wallfahrtskirche (um 1690) ein ›Muss‹ für jeden Besucher. Zur bekannten Kreuzigungsgruppe auf dem Gipfel führen 14 Kreuzwegstationen aus dem 18. Jh.

ⓘ Tourist-Information, Kirchplatz 7, 97653 Bischofsheim, Tel. 09772/910150, Fax 09772/910159, www.bischofsheim.info

Bad Neustadt an der Saale 4

Romantisch mutet die Entstehungsgeschichte an: Eine frisch entbrannte Liebe soll Karl den Großen bewogen haben, am alten fränkischen Königshof Salz eine herzförmige Stadt gründen zu lassen; Dichtung und Wahrheit wohnen in dieser Anekdote, denn tatsächlich präsentiert sich die Innenstadt in besagter Form. Für den Kurbetrieb wurden die Salzquellen erst Mitte des 19. Jh. erschlossen; seither ist Neustadt renommiertes Sole- und Moorbad.

Sehenswert: Die **Salzburg**, eine der größten Burganlagen Deutschlands und an Stelle des alten Königshofes im 12. Jh. errichtet, bietet einen schönen Blick auf die erhaltene herzförmige **Stadtmauer** aus dem 13. Jh. mit dem **Hohntor** (um 1680; schöner Rundumblick) als Wahrzeichen Bad Neustadts. Im Hof der Salzburg steht das älteste technische Denkmal der Rhön, ein breites Rad, das von vier Männern bewegt Wasser hinauf in die Burg förderte. Vom **Rokokoschloss Neuhaus** ging die Entwicklung zum Heilbad aus, denn 1853 ließ die damalige Gräfin die Solequellen fassen und ein Badehaus errichten. Die **Karmeliterkirche** (14. und 17. Jh.) besitzt einen reichhaltig ausgestatteten barocken Innenraum. Klassizistisch zeigt sich die **Pfarrkirche Mariä Himmelfahrt** (bis 1836).

Aktivitäten: Das **Erlebnisbad Triamare** wirbt als Sport-, Fun- und Wellness-Bad für seine aufwändige Anlage für jeden Badegeschmack (Mühlbacher Straße 15, www.triamare.de; tgl. 9.00–22.00 Uhr). Hoch hinaus, doch mit Gurt und Seil gesichert, geht es im **Hochseilgarten Point-aktiv** (Gartenstraße 12, 97616 Bad Neustadt, Tel. 09771/996404, www.point-aktiv.de).

Der Riemenschneideraltar von Münnerstadt

Umgebung: In **Brendlorenzen** (nördl.) steht mit der romanischen Pfarrkirche St. Johannes eine der ältesten Kirchen Deutschlands; auf den Resten der Martinsbasilika von 742 erbaut, ist in der Sakristei ein Passionszyklus aus der Bauzeit von 1423 freigelegt worden.

ⓘ Kurverwaltung, Löhriether Straße 2, 97606 Bad Neustadt, Tel. 09771/1384, Fax 09771/991158, www.tourismus-nes.de

Bad Bocklet 5

Das beschauliche Kurbad, idyllisch in einer Saaleschleife gelegen, erlebte zur Zeit des Biedermeier eine Blüte. Kronprinzessin Marie von Bayern und die österreichische Kaiserin ›Sisi‹ suchten die ›Stahlquelle‹ auf, die durch den Kohlensäuregehalt die Durchblutung fördert.

Sehenswert: In der zweiten Hälfte des 18. Jh. entstanden der spätbarocke **Kurpark** mit dem **Fürstenbau** – auch Balthasar Neumann war daran beteiligt. Klassizistisch ist der **Brunnentempel** mit seiner offenen Halle.

Museen: Südl. liegt **Schloss Aschach**, ein romantischer Bau aus dem 16. Jh. mit einem gemütlichen Café, der das Graf-Luxburg-Museum mit seiner berühmten Kunstsammlung, ein Schulmuseum und ein Volkskundemuseum beherbergt (April–Sept. Di.–So. 14.00–18.00 Uhr).

Aktivitäten: Eine vierspännige **Postkutsche** verkehrt von Mai bis Okt. tgl. zwischen Bad Kissingen, Schloss Aschach und Bad Bocklet (Infos bei der Tourist-Information). Der **Bad Bockleter Mühlenwanderweg** verbindet zehn ehem. Wassermühlen zu einem einzigartigen ›Mühlenmuseum‹; auf 20 km, die auch in Teilabschnitten bewältigt werden können, erlebt man die Natur entlang der Wasserläufe, erhält Informationen über altes Handwerk und erneuerbare Energien und bekommt die Möglichkeit zur Einkehr.

ⓘ Tourist-Information, Kurhausstraße 2, 97708 Bad Bocklet, Tel. 09708/707030, Fax 09708/707039, www.badbocklet.de

Münnerstadt 6

Beim Besuch der im 8. Jh. als Königsgut erwähnten Stadt scheint man direkt ins Mittelalter einzutauchen. Die Grafen von Henneberg bauten im 13. Jh. die Stadtmauer mit Türmen und Toren. Gut erhaltene Bürger- und Fachwerkhäuser unterstützen den Eindruck.

Sehenswert: Drei **Tortürme** prägen das Stadtbild; besonders das Jörgentor, das den örtlichen Rhönklub beheimatet, ist mit seiner in der Geschichte der Stadt verwurzelten Tormadonna von 1380 und dem Ausblick aus den oberen Fenstern einen Besuch wert. Die **Stadtpfarrkirche Maria Magdalena** aus dem 13. Jh. birgt einen wieder hergestellten Riemenschneideraltar von 1492 und vier Gemälde der Kilianslegende von Veit Stoß. Auch die barocke **Klosterkiche St. Michael** (um 1750) zeigt eine prächtige Ausstattung.

Museum: Das Deutschordensschloss aus dem 16. und 17. Jh. erinnert an den Einfluss des Ritterordens; heute ist dort das **Henneberg-museum** untergebracht, das die Geschichte und Kultur der Region präsentiert (Mai bis Okt. Di.–So. 14.00–17.00 Uhr).

Veranstaltung: Das fränkische **Heimatspiel ›Die Schutzfrau von Münnerstadt‹** mit Festumzug, Führungen und offenen Baudenkmälern eröffnet Besuchern einen Einblick in Geschichte und Brauchtum des Ortes; das Theaterstück wird am letzten Aug.-So. und den ersten beiden Sept.-So. auf dem historischen Anger aufgeführt (www.festspiele-muennerstadt.de).

Aktivität: Ein schön gelegener **Golfplatz** befindet sich rund um den Sommersitz der Äbte des Zisterzienserklosters (Golf Club Maria Bildhausen, Rindhof 1, 97702 Münnerstadt, Tel. 09766/1601, www.maria-bildhausen.de).

Umgebung: Bis heute beeindrucken die Gebäude des 1158 gegründeten Klosters **Maria Bildhausen** (10 km nordöstl.) und erinnern an die Bedeutung des ehem. Zisterzienserklosters in Franken. Westl. liegt der **Michelsberg**, der in frühgeschichtlicher Zeit wohl den befestigten Mittelpunkt des Grabfeldes darstellte; Wallanlagen und eine Kirchenruine sind noch zu sehen.

ⓘ Tourismus- und Kulturbüro, Marktplatz 1, 97702 Münnerstadt, Tel. 09733/810528, Fax 09733/810545, www.muennerstadt.de

Infos

Bad Kissingen 7

Die Kurstadt nennt sich Weltbad – und das nicht nur wegen ihrer Zeit als Sommerfrische für den europäischen Hochadel. 801 wurden die Siedlung und wenig später die Salzquellen erstmals erwähnt. 1544 wurde sie schon als Kurort bezeichnet. 1737 entdeckte der Baumeister Balthasar Neumann bei der Verlegung des Saalebettes die Rakoczyquelle und setzte damit die Entwicklung zum Weltbad in Gang. Bauten im ›Prinzregentenstil‹, die Kuranlagen und zahlreiche Veranstaltungen mit internationalem Flair bewahren dem bayerischen Staatsbad auch heute die weltgewandte Note.

Sehenswert: Zu den klassizistischen Bauten der **Kuranlagen** gehören der Regentenbau (1913), der 200 m lange Arkadenbau (1838) mit Brunnen- und Wandelhalle (1911), das Kurtheater (1905) und der Luitpoldpark mit seinem Klanggarten. Von den einst 14 Befestigungstürmen steht nur noch der **Feuerturm** in der Turmgasse.

Museum: In der **Oberen Saline** (18. Jh.) befand sich die Wohnung des Reichskanzlers Otto von Bismarck, wenn er in Bad Kissingen weilte; heute ist dort das **Bismarck-Museum** untergebracht (Di.–So. 14.00–17.00 Uhr).

Veranstaltungen: Beim **Rakoczyfest** Ende Juli sind im Festzug die berühmten Besucher des Bades zu sehen – u. a. ›Sisi‹ und Österreichs Kaiser Franz Josef, Zar Alexander II. oder König Ludwig II. von Bayern. In den Tagen davor füllen Musik auf vielen Bühnen und kulinarische Angebote die Stadt mit buntem Leben. Das **Musikfestival Bad Kissinger Sommer**, die **Kissinger Theatertage**, die Konzerte, Lesungen und Aufführungen des **Kissinger Winterzaubers** und die **Botenlauben-Festspiele** am 3. Sept.-Wochenende sind nur einige der Veranstaltungen.

Aktivitäten: Die **KissSalis Therme** ist eine hochmoderne Badelandschaft mit Kissinger Thermalwasser (Heiligenfelder Allee 16, www.kisssalis.de; tgl. 9.00–22.00 Uhr). Der damalige südafrikanische Premierminister Botha eröffnete 1911 den **Golfplatz** (Euerdorfer Straße 11, Tel. 0971/3608).

Umgebung: Einheimische Wildarten und einen Streichelzoo zeigt der **Wildpark Klaushof** (nordw.; tgl. 9.00–18.00 Uhr). Die **Klosterruine Aura** (7 km südw.) ist das Ziel einer schönen Wanderung besonders im Frühjahr, wenn die Buschwindröschen den lichten Wald mit einem weißen Teppich überziehen.

ⓘ Kur- & Tourist-Information, Am Kurgarten 1, 97688 Bad Kissingen, Tel. 0971/8048210, Fax 0971/8048239, www.badkissingen.de

Hammelburg 8

Erstmals wurde die älteste Weinstadt Frankens 716 genannt. 777 schenkte sie Karl der Große dem Kloster Fulda – dabei wurde auch der Weinbau bezeugt. 1816 kam die häufig umkämpfte und deshalb befestigte Stadt (Stadtrecht 1240) zu Bayern. In dem Bundeswehrstandort werden Soldaten auch auf internationale Einsätze vorbereitet.

Sehenswert: Das **Kellereischloss**, auch Rotes Schloss genannt, wurde bis 1733 vom Fuldaer Fürstabt zur barocken Sommerresidenz ausgebaut; auch heute liegt noch ein riesiger Weinkeller der Winzergenossenschaft darunter. Die gotische **Pfarrkirche St. Johannes** (14. und 15. Jh.) war eines der wenigen Gebäude, die beim großen Stadtbrand 1854 verschont blieben. Mönchs-, Hüter- und Baderturm zeugen von der wehrhaften **Stadtbefestigung** aus dem 13. Jh.; viele Steine der Wehranlage wurden nach dem Brand beim Wiederaufbau der Stadt verwendet. Der fast 500 Jahre alte **Marktbrunnen** ist ein Prunkstück der Renaissance; benachbart das Rathaus (16. und 19. Jh.). Auf der anderen Seite der Saale liegt **Schloss Saaleck** (Urspr. 12. Jh.); einst Ausgangspunkt der fuldischen Machtausübung, beherbergt es heute die Städtische Weinkellerei.

Museum: Die Herrenmühle (um 1700) mit ihrer schönen barocken Fassade beherbergt das **Stadtmuseum** mit seiner der Umgebung gerecht werdenden Thematik ›Brot und Wein‹ (Turnhouter Straße 15; Di.–Do. 10.00 bis 12.00, Di.–So. 14.00–16.00 Uhr).

Einkaufen: Die zahlreichen **Winzer** der Umgebung bieten erinnerungsreiche Souvenirs.

ⓘ Tourist-Information, Kirchgasse 4, 97762 Hammelburg, Tel. 09732/902149, Fax 09732/902184, www.hammelburg.de

Bad Brückenau 9

Im 13. Jh. wurde von den Fuldaer Äbten eine Brücke mit Zollstation errichtet. 1747 gründeten sie auch das Bad – als eines der ersten Deutschlands. Als Bad Brückenau 1816 zu Bayern kam, förderte König Ludwig I. die Stadt und eröffnete mit häufigen Besuchen und zahlreichen Bauten eine Blütezeit. Heute teilt sich die Stadt in das Staatsbad und das städtische Bad mit mehreren Heilquellen.

Sehenswert: Die Fuldaer Fürstäbte hinterließen die barocken Bauten aus dem 18. Jh. im **Badebezirk**. Die klassizistischen Bauten des Bellevue und des Kursaals entstanden 1818–1868, überwiegend in der Zeit König Ludwigs I.

Museen: Das **Deutsche Fahrradmuseum** ermöglicht u. a., ein Hochrad einmal selbst zu fahren (Heinrich-von-Bibra-Straße 24, www.deutsches-fahrradmuseum.de; Di.–Fr. 9.00 bis 12.00 und 14.00–17.00, Sa., So. und Fei. 10.00–17.00 Uhr). Das **Heimatmuseum** rückt Stadt und Umland ins Blickfeld (Alter Rathausplatz 1; Mo.–Fr. 10.00–18.00, Sa. 10.00 bis 14.00, So. 14.00–17.00 Uhr).

Veranstaltungen: Einer Kurstadt würdig erweist sich der reichhaltige Veranstaltungskalender – einen besonderen Genuss stellen die **Jazz- und Gitarrentage** im Sept. dar.

ⓘ Tourist-Information, Altes Rathaus, 97769 Bad Brückenau, Tel. 09741/3696, Fax 09741/6904, www.bad-brueckenau.de

Bajuwarische Gigolos in Bad Kissingen

Hoch über Bad Hersfeld: im Riesenrad auf dem Lullusfest, ›Deutschlands ältestem Volksfest‹

Adressen

Länderübergreifend arbeitet der Fremdenverkehrsverband Rhön, Wörthstraße 15, 36037 Fulda, www.rhoen.de. Auskünfte sind direkt bei den regionalen Einrichtungen erhältlich:

Bayern: Tourist-Information Rhön, Spörleinstraße 11, 97616 Bad Neustadt, Tel. 09771/94118, Fax 09771/94300, www.rhoen-grabfeld.de, und Tourist-Infozentrum Rhön ›Haus der Schwarzen Berge‹, Rhönstraße 97, 97772 Wildflecken-Oberbach, Tel. 09749/91220, Fax 09749/912234, www.info-rhoen-saale.de

Hessen: Rhön Info Zentrum des Fremdenverkehrsverbandes Rhön, Wasserkuppe 1, 36129 Gersfeld, Tel. 06654/918340, Fax 06654/918342-0, www.rhoen.de

Thüringen: Tourist-Information Rhön, Schlosshof 4, 36452 Kaltennordheim, Tel. 036966/81220, Fax 036966/7349, rhoen-tourismus.tir.kano@t-online.de

Rhönklub: Der 1876 gegründete Heimatverein mit Zweigvereinen überall in der Region und darüber hinaus markiert u. a. Wanderwege, betreibt Hütten, ist im Naturschutz aktiv und informiert über die Region (Peterstor 7, 36037 Fulda, Tel. 0661/73488, Fax 0661/79794, www.rhoenklub.de).

Internet: Sehr informativ sind www.rhoenline.de und www.rhoen.de. **www.rhoenline.de** bietet vielfältige Themen aus Natur, Geschichte, Ausflugszielen und möglichen Aktivitäten; zahlreiche Links zu Veranstaltungen, anderen die Rhön betreffenden Internet-Auftritten und ständig ins Netz gestellte Kamerabilder stehen zur Verfügung. **www. rhoen.de** – verzweigt, aber übersichtlich aufgebaut – verfügt über eine eigene Suchmaschine, einen detaillierten Veranstaltungskalender und ein in den letzten Jahren unter öffentlicher Beteiligung entstandenes und ständig wachsendes Rhönlexikon.

Das Biosphärenreservat Rhön präsentiert sich, seine Projekte, Veranstaltungen und Arbeit informativ auf **www.biosphaerenreservat-rhoen.de** – mit Status der Rhön als Biosphärenreservat der Unesco, Grenzen, Bedeutung und Lage der verschiedenen Zonen.

Anreise

Auto: Das Mittelgebirge in der Mitte Deutschlands ist von Norden und Süden her über die A 7 erreichbar. Die A 4 tangiert die nördlichen Ausläufer der Rhön in Ost-West-Richtung. Von Westen her gewährleisten die A 5 und A 66 eine direkte Anreise ins Zielgebiet. Obwohl die Anbindung an das deutsche Autobahn-Netz komfortabel ist, wird die Landschaft nur marginal von der A 7 zerschnitten. Zahlreiche Bundesstraßen fügen sich relativ harmonisch ein und lassen das Reisetempo erst kurz vor dem Ziel langsamer und beschaulicher werden.

Bahn: Fulda ist ein zentraler Knotenpunkt im ICE-Netz der Deutschen Bahn. Dort bestehen Anschlussmöglichkeiten mit Regionalbahnen, die die Fahrgäste tiefer in ihr Zielgebiet befördern. Bahnlinien bestehen ebenfalls an der Fränkischen Saale und ins Grabfeld hinein – beide Zubringer für die Kurbäder der bayerischen Rhön.

Flugzeug: Die nächstgelegenen Flughäfen sind Frankfurt/Main, von wo aus die Rhön bequem und schnell über Bahn- und Autobahnverbindungen zu erreichen ist, Erfurt und Nürnberg. Bad Kissingen verfügt über einen regionalen Flughafen.

Camping

Über 20 Plätze stehen zur Verfügung – zumeist abseits großer Straßen, oft landschaftlich reizvoll gelegen. Viele Plätze offerieren zusätzliche Freizeitangebote und sind teilweise ganzjährig geöffnet, um für Wintersport zur Verfügung zu stehen. Nähere Informationen geben die überregionalen angegebenen Auskunftsstellen (s. Adressen) und die örtlichen Tourist-Informationen (s. Info-Seiten). Zwei erhältliche Faltblätter enthalten alle Plätze, Angebote und Daten.

Essen und Trinken

Klima und Kultur prägen Küche und Keller! Was die langen Winter und die Armut vergangener Jahrhunderte an Anbau und Viehhaltung zuließen, wird heute vielerorts geschickt verfeinert und vermarktet. Die Wiederbelebung der Schafhaltung – zur sanften Pflege der Kulturlandschaft – sorgt dafür, dass wieder vermehrt **Lammgerichte** angeboten werden. Die dörfliche Tradition des gemeinschaftlichen Backhauses erfreut Besucher zahlreicher Backhausfeste mit aus Kindertagen vertrauten Gerüchen und Geschmäckern. **Schwartemagen, Kraut- und Blutwurst** haben ihren festen Platz im Speiseplan der Rhöner. Die Ergebnisse der Hausschlachtungen werden heiß diskutiert, und die Vielfalt des Wurstangebots ist erstaunlich und variiert von Region zu Region. Aus Bächen und Teichen ist die **Forelle** besonders zu empfehlen. Ebenso gehören **Wildgerichte** zum typischen Speisenangebot.

Eine besondere Initiative nennt sich ›**Rhöner Charme**‹. Erzeugerbetriebe und Gasthöfe vermarkten unter diesem Namen lokale Produkte nach typischen Rezepten. Die Hinweise sind überall zu finden, und ein Ausprobieren lohnt sich. Die kulinarische Kreativität heute reicht allerdings weit über den traditionellen Speiseplan hinaus.

Dem Engagement vieler Bauern und Umweltschützer ist es zu verdanken, dass in der Rhön wieder Obstbäume alter Sorten gepflanzt werden. So erhält sich das typische Landschaftsbild der **Streuobstwiesen**, und die Verarbeitung der Früchte bringt Saft, Wein und sogar Sherry hervor. Auch Hochprozentiges wird seit jeher produziert und genossen.

Früher das Anbaugebiet für den Weinbedarf des Fuldaer Klosters, ist das Saaletal um Hammelburg heute noch immer vom **Weinbau** geprägt. Heckenwirtschaften und Winzerbetriebe laden zum Probieren ein.

Das berühmte **Bier** der Mönche vom Kreuzberg ist nicht das einzige Brauprodukt aus der Rhön. Kleine und große Brauereien versorgen die feier- und trinkfreudigen Bewohner, gleich, ob in Thüringen, Bayern oder Hessen.

Feiertage und Feste

Die Höhepunkte im Jahreslauf sind häufig mit der Religiosität in Verbindung zu bringen. **Fastnacht** war ursprünglich die letzte ausgelassene Fröhlichkeit vor der vorösterlichen Fastenzeit. Heute hat sie sich vielerorts zur ›fünften Jahreszeit‹ ausgewachsen, die das gesellschaftliche Leben vom 11. Nov. an prägt. Finale ist am Rosenmontag, und nicht nur in Fulda ist der Umzug ein aufwändiges Großereignis.

Im Mai ist für die katholischen Bereiche Zeit für **Wallfahrten** und **Prozessionen**. Besonders an Fronleichnam stößt man auf durch Dorf oder Stadt ziehende Menschen, die den Leib Christi (mittelhochdeutsch ›vronlichnam‹) in Gestalt

DATEN UND FAKTEN

- **Landesnatur:** Abwechslungsreiche geologische Formationen und Höhen zwischen 260 und 950 m schaffen die unterschiedlichsten Lebensräume für Tiere und Pflanzen. Das Mittelgebirge im Zentrum Deutschlands ist unter Botanikern für Artenreichtum bekannt; Basalt, Buntsandstein und Kalkböden schaffen die unterschiedlichsten Standorte. Buchenwälder, Hochmoore, Trockenrasen und Feuchtwiesen schaffen ein variationsreiches Bild. Erhaltung und Nutzung dieser Landschaft hat sich das Biosphärenreservat Rhön zur Aufgabe gemacht. Diese Wechselwirkung von Bewahrung und Bewirtschaftung wird an vielen Stellen sichtbar – zum Beispiel bei der wieder belebten Schafhaltung oder dem Erhalt, Ausbau und Nutzen der typischen Streuobstwiesen.
- **Klima:** In der Rhön sei es ein drei Viertel Jahr Winter und ein Vierteljahr kalt. Diese schaurige Vorstellung entspricht natürlich nicht ganz der Wirklichkeit. Das Gebiet zählt zum so genannten warmgemäßigten Regenklima mittlerer Breiten und ist hauptsächlich durch die vom Atlantik kommenden Wetterlagen geprägt. Die Temperaturen sind stark von der Höhe des Geländes über Normalnull abhängig. Sie unterscheiden sich nicht von den Durchschnittstemperaturen anderer Mittelgebirge. Prägnant sind die oftmals unterschiedlichen Wetterlagen auf kleinem Gebiet. Unterschiedlich sind auch die jährlichen Niederschlagsmengen. Liegt die westliche Peripherie des Gebirges im europäischen Durchschnitt, so steigt die Wassermenge auf der Wasserkuppe sprungartig an und beträgt am Osthang weniger als 600 mm.
- **Wirtschaft:** Seit dem Mittelalter war die Rhön geprägt von Holz- und Landwirtschaft, Handwerk und Handel in bescheidenem Rahmen. Klima und schlechte Bodenqualität zwangen viele Bauern zum Nebenerwerb. Sie versuchten ihre Situation mit Korbflechtereien, Holzschnitzereien, Bürstenbinden und der Herstellung von Seilerwaren aufzubessern. Das Zeitalter der Industrialisierung in der zweite Hälfte des 19. Jh. setzte in der Rhön später und nur abgeschwächt ein. Weite Entfernungen zu den Absatzmärkten der Großstädte und die wenigen, meist weit entfernten Eisenbahnlinien bedingten die schleppende Entwicklung des Fortschritts. Langsam wurden auch die wenigen Bodenschätze wie Kali, Braunkohle, Eisenerz, Torf, Basalt und Sandstein ausgeschöpft. Stellenweise entwickelten sich kleine Industriestandorte der Metallverarbeitung, Papierherstellung, Gummierzeugnisse und Holzprodukte. Fremdenverkehr, Handel und das Dienstleistungsgewerbe bilden die heutigen Standpfeiler der Wirtschaft. Die Region ist stark vom beruflichen Pendeln geprägt, da die Zahl der Arbeitsplätze an den Rändern der Rhön größer ist. Auch das Rhein-Main-Gebiet ist für Tausende tägliches Ziel.
Kennzeichnend ist ebenfalls, dass der bejubelte Wegfall der Grenzen und die Wiedervereinigung die wirtschaftliche Situation im thüringischen Teil der Rhön massiv verschlechterte. Nur langsam schlug und schlägt sich der Aufbau nieder, und die Zahl von Arbeitsplätzen steigt allmählich wieder an.

Schafshaltung ist wieder aktuell in der Rhön

einer Hostie in Flur und Wald tragen. Flurprozessionen haben Mariengrotten, Kreuzwege oder Bildstöcke als Ziel, zur Andacht und um symbolisch durch die Zeit dem ewigen Vater entgegenzuziehen; dabei wird die Hostie in der Monstranz, einem halbmondförmigen Schiffchen, unter einem Baldachin, dem symbolischen Himmel, durch die Felder geleitet.

Hotels (eine Auswahl)

Von Varta-Experten geprüft; weitere Adressen im ›Varta-Führer‹ (im Buchhandel erhältlich).

Preise:

€€€€	Doppelzimmer	über 200 €
€€€	Doppelzimmer	150–200 €
€€	Doppelzimmer	100–150 €
€	Doppelzimmer	50–100 €

Bad Brückenau: € **Dorint**, Heinrich-von-Bibra-Straße 13, 97769 Bad Brückenau-Staatsbad Brückenau, Tel. 09741/850, Fax 09741/85425, www.dorintresorts.com. Ruhige Aussichtszimmer in königlicher Parkanlage. 2 Kegelbahnen, hoteleigenes Hallenbad. 189 Z., 31 App., 8 Suiten.

Bad Hersfeld: €€ **Am Kurpark**, Am Kurpark 19, 36251 Bad Hersfeld, Tel. 06621/1640, Fax 06621/164710, www.kurparkhotel-badhersfeld.de. Direktzugang zum Erlebnisbad Römer-Therme. 94 Z.

€ **Haus am Park garni**, Am Hopfengarten 2, 36251 Bad Hersfeld, Tel. 06621/92620, Fax 06621/926230, www.hotel-hausampark.de. Ferienhotel, nur wenige Schritte vom Kurpark entfernt. 27 Z., 4 App., 1 Suite.

Bad Kissingen: €€€€/€€€ **Steigenberger Kurhaushotel**, Kurgarten 3, 97688 Bad Kissingen, Tel. 0971/80410, Fax 0971/8041597, www.bad-kissingen.steigenberger.de. Traditionsreiches Haus vor den Toren des Kurgartens mit großzügiger Lobby und eleganten Zimmern. Golfplatz mit 18 Löchern in der Nähe, Reitmöglichkeit, Bootsverleih, hoteleigenes Hallenbad. 111 Z., 4 Suiten.

€€ **Laudensacks Parkhotel**, Kurhausstraße 28, 97688 Bad Kissingen, Tel. 0971/72240, Fax 0971/722444, www.laudensacks-parkhotel.de. In einem zauberhaften Park mit altem Baumbestand, Seerosenteich und Flair. Golfplatz mit 18 Löchern in der Nähe. 21 Z., 1 Suite.

Bad Neustadt an der Saale: €€ **Schlosshotel Neuhaus**, Kurhausstraße 37, 97616 Bad Neustadt, Tel. 09771/61610, Fax 09771/2533, www.hotel-schloss-neuhaus.de.vu. Großzügige Zimmer in einem Barockschloss mit Park. Golfplatz mit 18 Löchern in der Nähe, hoteleigenes Hallenbad. 10 Z., 3 Suiten.

€ **Stadthotel Geis garni**, An der Stadthalle 6, 97616 Bad Neustadt a.d. Saale, Tel. 09771/91980, Fax 09771/919850, www.stadthotel-geis.de. Alle Zimmer zur Gartenseite. Gäste haben freien Eintritt ins Wellnessbad. 32 Z.

Bad Salzungen: € **Salzunger Hof**, Bahnhofstraße 41, 36433 Bad Salzungen, Tel. 03695/6720, Fax 03695/601700, www.salzunger-hof.de. Burgsee, Wasserschloss, Gradierwerk

TIPP

Zum Weiterlesen

Menschen, Leben und Landschaft der Rhön bringt der Rhöndichter Ludwig Nüdling (1874–1947) in Kurzgeschichten, Lyrik und Bühnenstücken näher – ein Bild des alltäglichen Lebens, von Brauchtum und Glauben und Anekdoten vergangener Tage erzählt Paul Birkenbach (Hrsg.) in ›Land und Leute der Rhön: in Erzählungen, Theaterstücken und Versen des Rhöndichters Ludwig Nüdling‹ (Parzeller, ISBN 3-7900-0280-1). Eine besondere Kulturreise vom Abendland zum modernen Europa verspricht die Beleuchtung der Wegstationen von Bonifatius – dem Missionar der Deutschen, dessen Lieblingsort das Kloster Fulda war – in ›Der Bonifatiusweg: Die Wurzeln Europas entdecken‹ von Wolfgang Hamberger (Hrsg.; DuMont; ISBN 3-7701-6326-5). Wer gern Kriminalromane mit regionalem Bezug liest, findet in ›Madonna gesucht‹ von Sylvia Schopf leichte Kost (Hohmann, ISBN 3-931-796-60-4). Eine interessante und kritische Aufarbeitung der Zeit der so genannten Bauernkriege liefert für das Hoheitsgebiet von Fulda ›Aschenbrenner, Christian: Buchenland in Bauernhand – der Bauernkrieg im Hochstift Fulda‹ von Wolfgang Seewald, das neben den Ereignissen und Orten auch die Bevölkerungsgruppen und sozialen sowie politischen Hintergründe beleuchtet (Ulenspiegel, ISBN 3-9801740-5-0). Wer sich seine Urlaubsvorfreude gerne mit typischen Bildern der Landschaftsmalerei versüßt, kann beim Blättern in Ludwig Steinfelds ›Die Rhön in der Malerei: Bilder der Landschaft aus zwei Jahrhunderten‹ Vorfreude genießen (Hohmann, ISBN 3-931796-17-5).

und Keltenbad in der Nähe. 65 Z., 10 App., 5 Suiten.

Bischofsheim: € **Rhönhäuschen**, Am Rhönhaus 1, 97653 Bischofsheim, Tel. 09772/322, Fax 09772/912033, www.rhoenhaeuschen.de. Familiär geführt mit 18 gemütlichen Gästezimmern.

€ **Luisenhof**, Haselbachstraße 93, 97653 Bischofsheim-Haselbach, Tel. 09772/1880, Fax 09772/8654, www.luisenhof-rhoen.de. Ruhig am Fuß des Kreuzbergs, idealer Ausgangspunkt für Tagestouren und Ausflüge. Fahrradverleih. 14 Z.

Fladungen: € **Sonnentau**, Wurmberg 1, 97650 Fladungen, Tel. 09778/91220, Fax 09778/912255, www.sonnentau.com. Balkonzimmer mit Blick ins Grüne. Hoteleigenes Hallenbad. 50 Z., 2 App.

Friedewald: €€€ **Göbel's Schlosshotel Prinz von Hessen**, Schlossplatz 1, 36289 Friedewald, Tel. 06674/92240, Fax 06674/9224250, www.goebels-schlosshotel.de. Individuelle Schlosszimmer. Fahrradverleih, hoteleigenes Hallenbad. 90 Z., 12 Suiten.

Fulda: € **Zum Ritter**, Kanalstraße 18, 36037 Fulda, Tel. 0661/250800, Fax 0661/25080174, www.hotel-ritter.de. Im Barockviertel mit kurzen Wegen zu den Sehenswürdigkeiten. 31 Z., 2 Suiten.

€€€€/€€ **Hotel Goldener Karpfen**, Simpliziusbrunnen 1, 36037 Fulda, Tel. 0661/86800, Fax 0661/8680100, www.hotel-goldener-karpfen.de. Nostalgie und harmonisch integrierte moderne Einrichtung prägen das Stadthotel. 50 Z., 4 Suiten.

Gersfeld: €€/€ **Gersfelder Hof**, Auf der Wacht 14, 36129 Gersfeld, Tel. 06654/1890, Fax 06654/7466, www.gersfelder-hof.de. Neu erbautes Wellnessbad. 63 Z., 20 App.

Meiningen: €€€/€€ **Schloss Landsberg**, Landsberger Straße 150, 98617 Meiningen, Tel. 03693/44090, Fax 03693/440944, www.meininger-hotels-mit-flair.de. Schlossanlage in neugotischem Stil. 13 Z., 7 Suiten.

€€ **Hotel Sächsischer Hof**, Georgstraße 1, 98617 Meiningen, Tel. 03693/ 4570, Fax 03693/457401, www.saechsischerhof.com. Ehem. Poststation der Fürsten von Thurn und Taxis. Fahrradverleih, Reitmöglichkeit in der Nähe. 40 Z., 3 Suiten.

Münnerstadt: € **Hubertushof**, Friedhofstraße 5, 97702 Münnerstadt, Tel. 09733/81150, Fax 09733/811525, www.hubertushof-muennerstadt.de, Ehem. Mühle absolut ruhig außerhalb der Stadtmauer an den Lauerwiesen. Reitmöglichkeit in der Nähe, hoteleigenes Freibad. 13 Z.

Poppenhausen: € **Hof Wasserkuppe Garni**, Pferdskopfstraße 3, 36163 Poppenhausen, Tel. 06658/9810, Fax 06658/1635, www.hof-wasserkuppe.de. Traditionsverbundenes Landhaushotel. Hoteleigenes Hallenbad. 16 Z., 9 App., 1 Suite.

Wasungen: € **Burg Maienluft**, Schlossbergstraße 1, 98634 Wasungen, Tel. 036941/7840, Fax 036941/78450. Teil einer Burganlage, ruhig und naturnah auf einer Anhöhe. 13 Z.

Jugendherbergen

Kostengünstige Übernachtungsmöglichkeiten in zentraler Lage der Urlaubsregion bieten (Info: Deutsches Jugendherbergswerk, Tel. 05231/4010, Fax 05231/740149, www.djh.de):

JH ›Der Heiligenhof‹, Alte Euerdorfer Straße 1, 97688 Bad Kissingen, Tel. 0971/71470, Fax 0971/714747, info@heiligenhof.de

JH Bad Salzungen, Kaltenborner Straße 70, 36433 Bad Salzungen, Tel. 03695/622208, Fax 03695/628833

JH Fulda, Schirrmannstraße 31, 36041 Fulda, Tel. 0661/73389, Fax 0661/74811, Fulda@djh-hessen.de

JH Gersfeld, Jahnstraße 6, 36129 Gersfeld, Tel. 06654/340, Fax 06654/7788, Gersfeld@djh-hessen.de

JH Hilders, 36115 Hilders, Tel. 06681/365, Fax 06681/8429, Hilders@djh-hessen.de

JH Schloss Sinnershausen, 98634 Hümpfershausen, Tel. 036940/5810, Fax 036940/58112, jabzschloss@aol.com

JH Oberbernhards, Hauptstraße 5, 36115 Hilders-Oberbernhards, Tel. 06657/240, Fax 06657/8896, Oberbernhards@djh-hessen.de

Restaurants (eine Auswahl)

Von Varta-Experten geprüft; weitere Adressen im ›Varta-Führer‹ (im Buchhandel erhältlich).

Preise:

€€€€	Hauptspeise	über 20 €
€€€	Hauptspeise	15–20 €
€€	Hauptspeise	10–15 €
€	Hauptspeise	5–10 €

Bad Hersfeld: €€€€/€€ **Restaurant im Romantik Hotel Zum Stern**, Linggplatz 11, 36251 Bad Hersfeld, Tel. 06621/1890, www.zumsternhersfeld.de. Rustikal gestaltetes Restaurant mit Terrasse, Bar und Weinkeller.

€€/€ **Altes Brauhaus**, Kirchplatz 9, 36251 Bad Hersfeld, Tel. 06621/640470, www.brauhaus-hersfeld.de, Denkmalgeschütztes Haus mit hist. Gastwirtschaft. Eigenes Schankbier.

Bad Kissingen: €€€€ **Restaurant in Laudensacks Parkhotel**, Kurhausstraße 28, 97688 Bad Kissingen, Tel. 0971/72240, www.laudensacks-parkhotel.de. Ruhetage: Mo., Di. Elegantes Restaurant mit aufwändiger Tischkultur.

€€€ **Le Jeton**, Im Luitpoldpark 1, 97688 Bad Kissingen, Tel. 0971/4081. Erlesene Auswahl an bayerischen und internationalen Gaumenfreuden in der Spielbank.

€€€/€€ **Weinstube Hofmann**, Weingasse 4, 97688 Bad Kissingen, Tel. 0971/2619. Ruhetag: Mi. Auf der Speisekarte findet man überwiegend deutsch-regionale Gerichte zu moderaten Preisen.

Stimmungsvolle Einladung in Fulda

Bad Königshofen: €€/€ **Schlundhaus,** Marktplatz 25, 97631 Bad Königshofen, Tel. 09761/1562, www.schlundhaus.de. Ruhetag: Di. Der Chef kocht selbst – deutsch-fränkische Küche und gutes Weinangebot.

Bad Neustadt an der Saale: €€€/€€ **Restaurant im Schlosshotel Neuhaus,** Kurhausstraße 37, 97616 Bad Neustadt, Tel. 09771/61610, www.hotel-schloss-neuhaus.de.vu. Erfrischend leichte Küche sowie Köstlichkeiten aus der hauseigenen Schlosskonditorei.

€€€/€€ **Da Rosario,** Schweinfurter Straße 4, 97616 Bad Neustadt, Tel. 09771/2231. Traditionelle italienische Gerichte, römisch inspirierter Weingarten mit ca. 100 Sitzplätzen.

Bad Salzungen: €€€€/€ **Salzunger Hof,** Bahnhofstraße 41, 36433 Bad Salzungen, Tel. 03695/6720, www.salzunger-hof.de. Terrasse. Deutsche und internationale Küche.

Bischofsheim: €€€€/€€€ **Rhönhäuschen,** Am Rhönhaus 1, 97653 Bischofsheim, Tel. 09772/322, www.rhoenhaeuschen.de. Naturnahe Lage, originell rustikaler Rahmen und regionale Speisen.

Friedewald: €€€€/€€ **Zum Löwen,** Hauptstraße 17, 36289 Friedewald, Tel. 06674/92220, www.zum-loewen.de. Unterschiedlich eingerichtete Gaststuben, regionale und klassisch orientierte Küche.

Fulda: €€€€/€€ **Weinstube Dachsbau,** Pfandhausstraße 8, 36037 Fulda, Tel. 0661/74112, www.dachsbau-fulda.de. Ruhetag: Mo. In einer malerischen Altstadtgasse überzeugt die älteste Weinstube der Stadt mit behaglicher Atmosphäre.

€€€/€€ **Zum Stiftskämmerer,** Kämmerzeller Straße 10, 36041 Fulda-Kämmerzell, Tel. 0661/52369, Ruhetag: Di. Rustikales Restaurant mit gutbürgerlicher Küche.

€€€/€ **Alte Pfandhaus-Stube,** Pfandhausstraße 7, 36037 Fulda, Tel. 0661/22901, www.breuers-weinhandel.de, Ruhetag: Mo. Nostalgisches Restaurant mit Bar und Weinhandel.

Hammelburg: €€€/€€ **Schloss Saaleck,** Saaleckstraße 1, 97762 Hammelburg, Tel. 09732/2020, www.burgsaaleck.de. Ruhetage: So. abends im Winter, Mo. Saisonale Küche in hist. Ambiente.

Hofbieber: €€€/€€ **Fohlenweide,** 36145 Hofbieber-Fohlenweide, Tel 06657/9880, www.fohlenweide.de. Sonnenterrasse und Biergarten. Beachtenswerte Küche mit frischen, leichten Produkten der Region.

Meiningen: €€€ **Die Posthalterei im Hotel Sächsischer Hof,** Georgstraße 1, 98617, Meiningen, Tel. 03693/4570, www.saechsischerhof.com. Beachtenswertes Hotelrestaurant mit Gewölbedecke und ländlichem Flair.

Café im Hotel Ernestiner Hof, Ernestiner Straße 9, 98617 Meiningen, Tel. 03693/478053, www.hotel-ernestiner-hof.com. Café mit elegantem Ambiente und mediterranem Wintergartenstil.

Ostheim vor der Rhön: €€/€ **Restaurant Sir Henry,** Am Rauhen Stein 4, 97645 Ostheim, Tel. 09777/416, Ruhetag: Di. Direkt am Naturlehrpfad Weyershauk mit gutbürgerlicher Küche und Panoramablick.

Poppenhausen: €€/€ **Restaurant Alt-Tränkhof,** Fliegerstraße 15, 36163 Poppenhausen-Tränkhof, Tel./Fax 06658/274. Ruhetag: Di. Traditionshaus in Wasserkuppennähe.

Wartmannsroth: €€€€/€€€ **Neumühle,** Neumühle 54, 97797 Wartmannsroth, Tel. 09732/8030, www.hotel-neumuehle.de. In rustikalem und dennoch elegantem Fachwerkambiente wird eine mediterran orientierte Küche serviert.

GESCHICHTE

- **2000 v. Chr.** Jäger der Jungsteinzeit und Bauern der Bronzezeit hinterließen ihre Spuren in der Rhön.
- **800–50 v. Chr.** Die keltische Expansion brachte eine dichtere Besiedlung des Mittelgebirges mit zum Teil stadtähnlichen Anlagen. Später wurden viele Siedlungen aufgegeben.
- **686** Der Apostel Kilian errichtete ein Holzkreuz auf dem Kreuzberg.
- **744** Bonifatius ließ ein Kloster und damit Fulda gründen.
- **ab 1520** Das Gedankengut der Reformation führte in einigen Teilen der Rhön zu deren Einführung.
- **1525** Der Bauernkrieg erreichte auch das Hochstift Fulda.
- **1585** Rekatholisierung im Hochstift Würzburg und 1603 in der Fürstabtei Fulda führten zu Ausweisungen protestantischer Familien.
- **1618–1648** Der Dreißigjährige Krieg zog auch die Rhön und ihre Bewohner in Mitleidenschaft.
- **1641** Die Rettung des fränkischen Münnerstadt vor den Schweden webte die bis heute zelebrierte Legende der ›Schutzfrau von Münnerstadt‹.
- **1802** Die Säkularisation veränderte die territorialen Herrschaftsverhältnisse in der Rhön. Die geistlichen Fürstentümer Fulda und Würzburg wurden unter den weltlichen Kurfürstentümern Hessen und Bayern aufgeteilt.
- **1807–1813** Napoleon durchzog mehrmals die Rhön. Hünfeld alleine zählte neun Besuche.
- **1815** Der Wiener Kongress teilte die Region zwischen Preußen und Österreich auf, die jeweils in einem Tauschhandel ihren Teil der Rhön an Kurhessen bzw. Bayern abtraten.
- **1866** Krieg zwischen Preußen und Bayern – neben kleineren Scharmützeln erleben und erleiden die Bewohner den Durchzug ganzer Heere.
- **1876–1893** Reichskanzler Fürst Otto von Bismarck logierte insgesamt 60 Wochen in Bad Kissingen.
- **1920** Die Thüringer Herzogtümer schlossen sich zum Land Thüringen zusammen.
- **1938** Konrad Zuse produzierte seinen ersten Rechner im Haunetal.
- **1989** Die Öffnung der innerdeutschen Grenze ließ im Nov. Tausende Thüringer nach Hessen und Bayern strömen. Am 24. Dez. bildeten sich Autoschlangen auf den Zufahrten nach Thüringen.
- **1991** Die Unesco erhob die Rhön zum Biosphärenreservat.
- **2004** Die Bonifatius-Stadt Fulda beging den 1250. Todestag des ›Apostels der Deutschen‹. Das Biosphärenreservat Rhön wurde von den Vereinten Nationen für seine Projekte im Zusammenspiel von Mensch und Natur ausgezeichnet.
- **2005** Die ehem. Regierungschefs George Bush, Michail Gorbatschow und Helmut Kohl erhielten am 17. Juni am Point Alpha für ihre Verdienste um die Einheit Deutschlands und Europas den Preis des Kuratoriums Deutsche Einheit.

Souvenirs

Das typische Souvenir aus der Rhön gibt es nicht. Doch einige Orte und Regionen bieten traditionelle Besonderheiten. **Kerzenfabrikation** hat in Fulda eine lange Geschichte und einen bekannten Namen. **Holzschnitzereien** bedeuteten in früheren Jahren einen Zusatzverdienst in armen Regionen. Besonders in der kalten Jahreszeit wurden die Rhönbauern künstlerisch tätig. Heute haben sich zwei Zentren für dieses Kunsthandwerk mit traditionsreichen Schulen etabliert: Empfertshausen im thüringischen und Bischofsheim im bayrischen Teil der Rhön. **Töpferwaren** sind in einigen Werkstätten im thüringischen Römhild zu erwerben. Wer schmackhafte Souvenirs bevorzugt, der sollte auch den vielfältigen **Wurstspezialitäten**, bisweilen von Ort zu Ort verschieden, Ausschau halten. Aber auch **Brot** von einem Backhausfest, mitgebrachte **Rhönforellen**, **Apfelsherry** von Rhöner Streuobstwiesen oder **Wein** aus der Hammelburger Region können – zurückgekehrt – eine Reise mit allen Sinnen andauern lassen.

Sport

Flugsport: Die Wasserkuppe als ›Berg der Segelflieger‹ prägt nach wie vor den sportlichen Ruf der Rhön. Dem Luftsport in allen Variationen kann man an manchen Orten nachgehen. Drachen- und Gleitschirmfliegen wird von Bad Salzungen bis nach Bayern angeboten. Ballonfahrten sind ab Bad Hersfeld, Fulda und Bischofsheim möglich. Segel- und Motorflugsport haben ihre Stützpunkte neben der Wasserkuppe in Burghaun, Bad Brückenau und Bad Neustadt. Überall sind auch Passagiere gerne gesehen. Flugplätze für den Modellsport existieren ebenfalls vielerorts.

Golf: In Münnerstadt, Bad Kissingen, Hünfeld und Hofbieber sind Anlagen zu finden.

Kegeln: Einrichtungen zum Kegeln gibt es nicht nur in dem Gebiet des Hessischen Kegelspiels im Norden der Rhön, sondern die Beliebtheit des Sports in der gesamten Region öffnet auch Besuchern die Türen.

Klettern: Mit der Steinwand in der Nähe von Poppenhausen und der dortigen Kletterhalle kommen auch Anhänger dieses Sports auf ihre Kosten.

Radfahren: Es werden für ein Mittelgebirge überraschend vielfältige Möglichkeiten geboten. Naturfreunde, Sportbegeisterte und Genussfahrer können sich über ein breites Angebot freuen. Die Beschaffenheit zum Mountainbikerevier liegt nahe und wird mehr und mehr ausgebaut und ausgeschildert. Doch viele Strecken mit wenig Steigung verwundern auf den ersten Blick und danken ihren genüsslichen Verlauf dem touristischen Engagement und den Flusstälern und ehemaligen Bahnstrecken. Überhaupt ist das Radwegenetz dicht und mit den entsprechenden Karten und dank der zufriedenstellenden Ausschilderung gut nutzbar.

Der Reiz des **Mountainbiking** besteht in der Rhön darin, abseits des Rummels ein unvergleichliches Natur- und besonderes Landschaftserlebnis zu genießen. Durch die starke Rodung im Mittelalter eröffnet sich der für das Mittelgebirge typische Fernblick an fast jeder Stelle. Um diesen Sport in für Mensch und Natur verträgliche Bahnen zu lenken, ist das Mountainbike-Routennetz ›FAIRständnis‹ entstanden. Die Rhöner Kreisverbände des Allgemeinen Deutschen Fahrrad Clubs und der Rhönclub haben in jahrelanger Arbeit ein Wegenetz ausgeschildert, das viele Kilometer für mehrere Urlaube bietet. Für die Hochrhön zwischen Bad Neustadt, Gersfeld und Ostheim ist bei den Tourist-Informationen der Region eine Karte mit Routenheftchen über 400 km ausgeschilderter Wege erhältlich (oder unter www.rhoen.de). Aber auch ausführlichere Literatur ist erhältlich – u. a. im Eigenverlag Jochen Heinkes ›Mit dem Mountainbike im Land der offenen Fernen – ausgewählte Touren durch das Biosphärenreservat Rhön‹ (Jochen.Heinke@t-online.de).

Flussläufe und ehem. Bahnstrecken schaffen die Voraussetzungen für Radwege, die als ›Genussrouten‹ mit wenig Steigung wunderschöne Täler und Auen erschließen. Der **Milseburg-Radweg** ist eine 27 km lange alte Bahntrasse von Fulda nach Hilders. In den letzten Jahren wurde sie mit neuen Brücken und baulichen Maßnahmen zum hoch frequentierten Radweg mit einigen Einkehrmöglichkeiten ausgebaut; Höhepunkt der Fahrt könnte die Durchquerung des Milseburg-Tunnels sein, der beleuchtet ist. Der **Ulstertal-Radweg** führt durch das so genannte Tal von Thüringen nach Hessen, vorbei an der altehrwürdigen Kleinstadt Tann, die einen Abstecher lohnt. Im Fuldatal bestehen verschiedene Radwege – zum Beispiel von der Kreisstadt nach Schlitz, wo sich die Möglichkeit bietet, zum **Vulkanradweg** im Vogelsberg zu gelangen. Zwischen Hünfeld und Thüringen ist der **Radweg Hessisches Kegelspiel** in Planung – auf einer Bahntrasse, die früher die Bergarbeiter in die Minen im Grenzgebiet brachte; kritischer Punkt der Verwirklichung und gleichzeitig attraktives Baudenkmal ist ein alter Viadukt beim Burghauner Ortsteil Klausmarbach. Auch der **Karolingerweg** auf den Spuren Karls des Großen im bayerischen Saaletal ist als Radweg ausgeschildert und besitzt teilweise eine andere Streckenführung als der gleichnamige Wanderweg; die komplette Strecke führt von Karlburg am Main bis Bad Königshofen im Grabfeld, eine Karte beziehungsweise Broschüre ist bei den örtlichen Tourist-Informationen erhältlich.

Der weite Blick ist es, der viele Rhönwanderer reizt

Wandern: Mehrere Tausend Kilometer Wanderwege durchziehen die Region – von der Halbtagesrundwanderung bis zur Mehrtagestour mit oder ›ohne Gepäck‹. Neben den örtlichen Tourist-Informationen bietet der Rhönklub (s. Adressen) Anregungen und Auskünfte (u. a. www.rhoenwanderungen.de).

Wassersport: Werra, Saale, Fulda und einige kleinere Flüsse eignen sich hervorragend für Kanuwanderungen mit dem eigenen Boot oder gemieteten Kanus, die mit einem praktischen Transferservice an einigen Stellen angeboten werden. Noch nicht von Kanuten überlaufen, bieten lauschig windende Schleifen, zuweilen als Naturschutzgebiete deklariert, reichlich Gelegenheit zur Beobachtung von Fauna und Flora, und von der Wasserseite wirken manche An- und Einsichten versteckt und besonders reizvoll. Anbieter sind in der Stadt Fulda, Hammelburg, Bad Kissingen und im Bereich der Werra zwischen Meiningen und Vacha zu finden.

Wintersport: Wasserkuppe und Kreuzberg mit ihren Liften, Loipen und Rodelbahnen sind die Zentren.

Register

Fette Ziffern verweisen auf Abbildungen.

Impressum

Verlag: HB Verlag, Marco-Polo-Zentrum, 73760 Ostfildern, Postfach 3151, 73751 Ostfildern, Tel. 0711/4502-0, Fax 0711/4502-135, www.hb-verlag.de, info@bildatlas.de
Geschäftsführer: Dr. Thomas Brinkmann, Dr. Stephanie Mair-Huydts

Chefredaktion und Programmleitung: Rainer Eisenschmid, Birgit Borowski
Redaktion: Horst Keppler
Text: Eckard Sieg, Marburg
Exklusiv-Fotografie: Holger Leue, Haunetal
Grafische Konzeption und Layout: CYCLUS · Visuelle Kommunikation, Stuttgart
Kartografie: © MAIRDUMONT GmbH & Co KG, Ostfildern
HB Bildatlas Fotoservice: HB Verlag, Marco-Polo-Zentrum, 73760 Ostfildern, Tel. 0711/4502-266, Fax 0711/4502-1006, a.nebel@mairdumont.com

Für die Richtigkeit der in diesem HB Bildatlas angegebenen Daten – Adressen, Öffnungszeiten, Telefonnummern usw. – kann der Verlag keine Garantie übernehmen. Nachdruck, auch auszugsweise, nur mit vorheriger Genehmigung des Verlages. Erscheinungsweise: monatlich.

Anzeigenalleinverkauf: KV Kommunalverlag GmbH & Co. KG, MediaCenterMünchen, Postfach 810565, 81905 München, Tel. 089/928096-44/-52, Fax 089/928096-62, kramer@kommunal-verlag.de, www.mediacentermuenchen.de
Vertrieb Zeitschriftenhandel: Partner Pressevertrieb GmbH, Postfach 810420, 70521 Stuttgart, Tel. 0711/7252-227, Fax 0711/7252-310
Vertrieb Abonnement: Zenit Pressevertrieb GmbH, Postfach 810640, 70523 Stuttgart, Tel. 0711/7252-265, Fax 0711/7252-333, hbverlag@zenit-presse.de
Vertrieb Buchhandel und Einzelhefte: MAIRDUMONT GmbH & Co KG, Marco-Polo-Zentrum, 73760 Ostfildern, Tel. 0711/4502-0, Fax 0711/4502-340
Reproduktionen: Otterbach Medien KG GmbH & Co., Rastatt
Druck und buchbinderische Verarbeitung: Echter Druck GmbH, Würzburg. Printed in Germany

ISBN 3-616-06194-6

Zeichenerklärung

Autoatlas

Autobahn mit Anschlussstelle -, Bedarfsumleitung	Fulda-Nord 91 86
Rasthaus mit Übernachtung - Raststätte / Kleinraststätte - Tankstelle - Autohof / Parkplatz mit WC - Parkplatz ohne WC	„Großenmoor" P P
Autobahn in Bau mit Fertigstellungsdatum	2007
Autobahnähnliche Schnellstraße	
Fernverkehrsstraße - Wichtige Hauptstraße	
Hauptstraße - Nebenstraße	
Straßentunnel - Brücke	
Entfernungen an Autobahnen in km / Entfernungen an Straßen in km	2 7 5 1 2 5 3
Touristenstraße	Hochrhönring
Landschaftlich schöne Strecke	
Europa-, Autobahn-, Straßennummern	E45 7 27
Fernwanderweg - Wanderweg	E3
Bahnhof - Brücke - Tunnel	
Museumseisenbahn	
Kultur - Eine Reise wert	★★ FULDA
Kultur - Lohnt einen Umweg	★ GERSFELD
Kultur - Sehenswert	Poppenhausen
Landschaft - Eine Reise wert	★★ Wasserkuppe
Landschaft - Lohnt einen Umweg	★ Stoppelsberg
Landschaft - Sehenswert	Haune-Talsperre
Info - Hinweis	5
Schöne Aussicht	
Campingplatz - Jugendherberge - Golfpl.	
Heilbad - Schwimm-,Strand-,Erlebnisbad	
Bedeutendes Bauwerk - Bedeutendes Areal	
Kirche - Kapelle	
Kloster - Klosterruine	
Schloss, Burg - Schloss-, Burgruine	
Wassermühle - Denkmal - Wasserfall	
Funk-, Fernsehturm - Turm	
Soldatenfriedhof - Bergwerk - Höhle	
Einzeln stehendes Hotel, Gasthaus, Bergh.	
Ausgrabungs-, Ruinenstätte	
Megalithgrab - Lands.Objekt - Ortshöhe	☆ ★ (194)
Flugplatz-Segelflugplatz	
Naturpark - Naturschutzgebiet - Sperrgebiet	

Cityplan

Mehrbahnige Straße	
Durchgangsstraße	
Hauptstraße	
Einbahnstraße - Fußgängerzone	
Eisenbahn mit Bahnhof	
Parkplatz - Parkhaus - Information	P P i
Omnibuslinie mit Endhaltestelle	51 51
Polizei - Post	
Feuerwehr - Krankenhaus - Denkmal	F
Kirche - Kapelle	
Info - Hinweis	5
Bebauung - öffentliches Gebäude	
Industriegebiet	

Anzeigen

Ferienland Rhön

Hessische Rhön

Bitte Hausprospekt anfordern!
Pension
Hubertushof

Übern./Frühst. ab 29,- €

KissSalis Therme
BAD KISSINGEN